초등입학 전 엄마와 아이가 꼭 알아야 할 60가지

초등 입학 전 엄마와 아이가 꼭 알아야 할 60가지

1판 1쇄 펴낸날 2012년 11월 30일
1판 7쇄 찍은날 2025년 2월 21일

글쓴이 | 안선모
그린이 | 김미규
펴낸이 | 정종호
펴낸곳 | (주)청어람미디어

본문 사진 | 박지라
사진 협조 | 신지수 김광일 외 인천연수초 어린이들과 선생님
　　　　　인천상아초 예비초등학생 이승윤

책임편집 | 조은미
디자인 | 기민주
마케팅 | 강유은
제작·관리 | 정수진
인쇄·제본 | (주)프린탑

등록 | 1998년 12월 8일 제22-1469호
주소 | 04045 서울특별시 마포구 양화로 56(서교동, 동양한강트레벨), 1122호
이메일 | chungaram@naver.com
전화 | 02-3143-4006~8
팩스 | 02-3143-4003

© 안선모 2012
ISBN 978-89-97162-33-8 13370

잘못된 책은 구입하신 서점에서 바꾸어 드립니다.
값은 뒤표지에 있습니다.

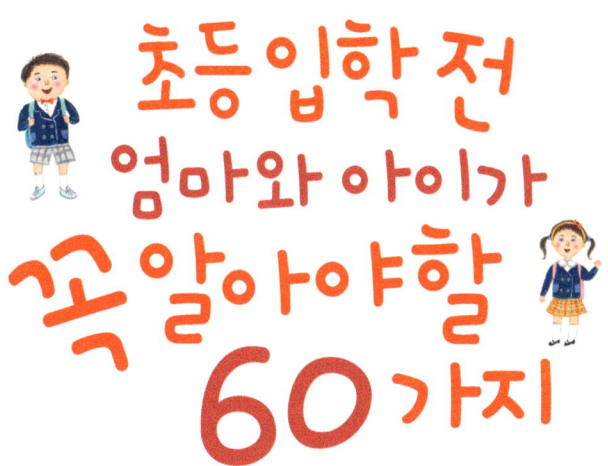

초등입학 전 엄마와 아이가 꼭 알아야 할 60가지

안선모 지음

청어람미디어

작가의 말

초등학교 예비 학부모들께

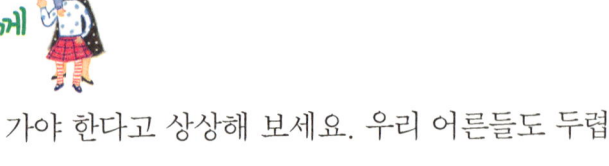

　새로운 장소, 낯선 장소에 가야 한다고 상상해 보세요. 우리 어른들도 두렵고 부담스러운 일이지요.

　하물며 이제 막 유치원을 졸업한 우리 어린 친구들에게는 얼마나 힘든 일일까요? 학교에 가는 걸 고대하며 기다리고 있는 친구들도 있지만 무척 두려워하는 친구들도 있습니다.

　이 책은 초등학교 입학을 앞둔 우리 어린 친구들에게 자신감을 주려고 쓴 책입니다.

　초등학교에 가기 전 알아야 할 것, 해야 할 것들이 너무 많거나 또는 너무 어렵다면 어떨까요? 보통 아이들은 입학하기도 전에 숨이 턱 막히고 자신감을 잃게 될 게 뻔합니다.

　이 책에 나와 있는 내용들은 1학년 담임 경험이 풍부한 현직 선생님들과 수많은 상담을 거친 끝에, 학교가 즐거운 곳이 되기 위해 우리 어린이들이 입학하기 전 꼭 알았으면 하는 것들만 모은 것입니다.

　아이들이 이 책을 읽고 '학교 가는 것 생각보다 참 쉽구나.', '이 정도면 나도 충분히 할 수 있겠어.' 하며 즐거운 얼굴로 학교에 가는 날을 손꼽아 기다리기를 바랍니다.

초등학교 입학을 앞둔 어린이들에게

　유치원을 떠나 곧 초등학교에 들어올 우리 친구들!
　예쁘고 건강하게 잘 자라 초등학교에 입학하게 된 것을 축하해요.
　초등학교에 입학하게 되니 어떤 느낌이 드는지 참 궁금해요. 유치원에 계속 다니고 싶은가요, 아니면 하루라도 빨리 초등학교에 입학하고 싶은가요? 물론 사람마다 다 다르겠지요?
　어떤 어린이가 그러대요. 유치원의 느낌은 동그라미, 학교의 느낌은 네모라고요. 저는 이 말을 듣고 생각했어요. '아, 많은 친구들이 학교를 딱딱하게 생각하는구나.'
　사실 학교라는 곳은 유치원이나 어린이집과 다른 점이 많기는 해요. 건물도 훨씬 크고, 학생 수와 선생님 수도 훨씬 많고, 공부도 훨씬 많이 해야 하고 등등. 이런 것들에 부담감을 느끼는 친구들이 있겠구나 생각했지요. 이 친구들에게 학교라는 곳이 유치원과 크게 다르지 않으며, 생각보다 포근하고 재미있고 신나는 곳이라는 것을 알려줘야 할 텐데 하고 말이에요. 그래서 쓴 책이 바로 이 책이랍니다.
　이 책에 나오는 것들을 해낼 수 있다면 학교생활은 그다지 어렵지 않아요. 그리고 이 책에 쓰여 있는 것들은 우리 친구들이라면 충분히 해낼 수 있는 기본적이고 기초적인 것들이에요. 그러니 자신감을 가지고, 두려움을 떨쳐 버리세요.
　자, 이제 어깨를 쭉 펴고, 당당한 발걸음으로 교문으로 들어서세요. 자신감 넘치는 얼굴로 활짝 웃으며 교실로 들어가세요.

2012년 12월, 안선모 선생님이

차례

PART 1 마음가짐

01 나를 자랑스럽게 여기기 • 12
02 나 자신을 바로 알기 • 14
03 부모님을 존경하기 • 16
04 내 일은 스스로 하겠다고 다짐하기 • 18
05 집 주소와 전화번호 알기 • 20
06 잘 안 된다고 울지 않기 • 22
07 나보다 못한 친구 도와주기 • 24
08 하기 싫은 일도 꾹 참고 하기 • 26
09 국기에 대한 경례하기 • 28

PART 2 신체 발달

10 차려자세로 서 있기 • 32
11 한 줄로 서기 • 34
12 선 따라 앞으로 똑바로 걷기 또는 달리기 • 36
13 모둠발로 줄넘기하기 • 38
14 철봉에 오래 매달려 보기 • 40

15 공을 던지고 받기 • 42
16 한 다리로 서 있기 • 44
17 음악에 맞춰 체조하기 • 46

PART 3 생활 습관

18 아침에 혼자 일어나기 • 50
19 책상 앞에 20분 이상 앉아 있기 • 52
20 예의 바르게 인사하기 • 54
21 아침마다 화장실 가기 • 56
22 혼자 옷 입기 • 58
23 젓가락으로 밥(반찬) 먹기 • 60
24 혼자 이 닦기 • 62
25 실내화 제대로 신기 • 64
26 끈 매는 연습하기 • 66
27 정해진 시간 안에 점심 먹기 • 68
28 바르게 앉기 • 70
29 규칙을 알고 지키도록 노력하기 • 72
30 출석 번호, 키 번호 알기 • 74

PART 4 언어 발달

31 때와 장소에 맞게 언어 사용하기 • 78
32 존댓말 바르게 사용하기 • 80
33 예쁜 말, 바른 말 사용하기 • 82
34 큰 소리로 대답하고 질문하기 • 84
35 아기 말투 버리기 • 86
36 중간에 얼버무리지 않고 끝까지 말하기 • 88
37 다른 사람의 말을 귀담아 듣고 대답하기 • 90
38 예의 바르게 대답하기 • 92
39 자기소개하기 • 94

PART 5 학습 준비

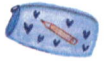

40 교과서 정리하는 법 알기 • 98
41 학용품 사용법 알기 • 100
- 연필 잡는 법
- 크레파스 사용법
- 가위 사용법
- 자 사용법
- 풀 사용법

42 공부 습관 기르기 • 110
43 정리 습관 기르기 • 112
44 독서록 잘 쓰는 방법 알기 • 114

45 일기 잘 쓰는 방법 알기 • 116
46 기본 종이접기 해 보기 • 118
47 필통에 꼭 넣어서 다녀야할 것들 알기 • 122
48 가방 정리하는 법 알기 • 124
49 자기 물건에 이름 쓰기 • 126
50 순서 지켜 글자 쓰기 • 128
51 숫자 익히기 • 130
52 책 쪽수 알기 • 132
53 날짜의 앞뒤 알기 • 134
54 소리 내어 책 읽기 • 136
55 시계 보는 연습하기 • 138

PART 6 엄마 아빠와 함께

56 초등학교에 미리 가 보기 • 142
57 학교 홈페이지 방문해 보기 • 144
58 등하굣길 자세히 살펴보기 • 146
59 시력, 청력, 치아 상태 점검해 보기 • 148
60 '똑똑한 바보' 되지 않기 • 150

부록 예방접종 전산등록 확인방법 안내 • 152

PART 1

마음가짐

초등학교에 들어갈 때 가장 중요한 것이 과연 공부일까요?
글쓰기, 책 읽기, 덧셈 뺄셈 등등 그런 것들일까요?
답은 '아니오'입니다. 가장 중요한 건 바로 마음가짐이에요.
사람들은 어떤 일을 하려고 할 때 가장 먼저 마음가짐을 다져요.
그렇게 하면 과정도 순조롭고 결과도 좋습니다.
'잘 할 수 있다'는 마음가짐을 갖는다면 공부도 잘 할 수 있고,
학교생활도 잘 할 수 있답니다. 더불어 자신을 믿는 자신감,
자신을 높이는 자존감을 갖도록 노력해 보아요.

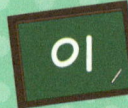

이 나를 자랑스럽게 여기기

학교에 입학할 때 가장 필요한 건 무엇일까요? 바로 자신감이에요. 어떤 일이든지 자신감을 갖는 게 가장 중요해요. 자신감自信感을 글자 그대로 풀이해 보면 '자신을 믿는 마음'이라는 뜻이에요.

그렇다면 자신을 가장 잘 아는 사람은 누구일까요? 부모님도 아니고, 형제자매도 아니고 바로 자기 자신 아닐까요? 그런 자신을 믿지 못하고 낮춰 보는 것, 그건 가장 어리석은 일이에요. 사람은 누구나 잘하는 게 있어요. 잘하는 것을 아직 발견하지 못했다고 해서 주눅 들어 고개를 푹 숙이고 다니는 것은 자신의 가치를 값싸게 매기는 어리석은 행동이에요.

누가 뭐라고 해도 이 세상에서 가장 중요한 것은 바로 나입니다. 내가 있기 때문에 부모님이 있고, 내가 있기 때문에 선생님이 있고, 내가 있기 때문에 친구들도 존재하니까요. 이러한 중요한 사실을 모르고 자신을 못난이라고 생각하는 친구가 있다면 그 생각은 버리는 게 좋아요. 그리고 얼른 생각을 바꾸세요. 자신의 가치를 팍팍 올리는 방법을 가르쳐 줄게요.

"나는 자랑스러운 엄마 아빠의 아들딸이다. 그리고 곧 멋진 대한민국 초등학생이 될 것이다!" 하고 크게 외치는 겁니다.

> 와! 저 당당함은 어디서 나오는 걸까?

> 나도 자신감 있는 어린이가 될 거야.

엄마 아빠께!

사람은 저마다 성격도 다르고, 생김새도 다르고, 취향도 다르고, 잘하는 것도 달라요. 그러니 사람과 사람은 도저히 비교할 수가 없는 것이죠.
더구나 자라나는 아이는 무한한 잠재력과 가능성을 갖고 있지요. '누구는 이렇더라, 누구는 저렇더라' 하는 말은 가장 소중한 내 아이를 쪼그라들게 만드는 지름길이라는 것, 명심하세요!

나 자신을 바로 알기

나에 대해 가장 잘 알고 있는 건, 바로 나 자신이라고 했죠? 그렇다면 내가 잘하는 것, 부족한 것도 정확히 아는 게 좋아요.

잘하는 것은 무엇이며, 부족한 것은 무엇인지 한번 적어 볼까요? 잘하는 것에 대해서는 마음껏 자랑을 해도 좋아요. 그렇다면 부족한 것은 어떻게 해야 할까요? 어떻게 하면 좋을지, 내가 생각하는 방법도 적어 보아요.

자기 자신을 똑바로 알면, 발전할 수 있는 기회가 있어요. 반대로 자신의 부족한 점을 인정하지 않는다면, 그 사람은 영영 그 자리에 머물 수밖에 없답니다.

◆ 내가 잘하는 것

1. _____
2. _____
3. _____

◆ 내가 부족한 것

1. _____
2. _____
3. _____

　내가 초등학교에 입학하기 전에 꼭 고쳐야 할 습관에는 무엇이 있을까요? 찬찬히 생각하여 적어 보세요. 그리고 어떻게 하면 고칠 수 있을지 그 해결 방법도 적어 보세요. 칸을 다 채울 필요는 없어요.

◆ 내가 고쳐야 할 습관

1. _____ (해결 방법: 　　　　　　　　)
2. _____ (해결 방법: 　　　　　　　　)
3. _____ (해결 방법: 　　　　　　　　)

엄마 아빠께!

칭찬은 고래도 춤추게 한다죠? "너는 누굴 닮아 이런 것도 못 하니?" 이런 말보다는 잘하는 것을 찾아 먼저 칭찬해 주고 고칠 점은 나중에 이야기하세요. "아주 잘했어. 그런데 이 부분에서는 이렇게 하는 게 어떨까?" 이렇게 말이에요.
강압적으로 '이렇게 해라, 저렇게 해라' 지시하기보다는 '이렇게 하는 게 어떨까? 저렇게 하는 게 어떨까?' 하는 식으로 아이의 대답을 유도해 보세요.

03 부모님을 존경하기

이 세상에서 나와 가장 가까운 사람은 누구일까요? 예, 맞아요. 바로 엄마 아빠이지요!

그런데 엄마 아빠에게 버릇없이 구는 친구들이 간혹 있어요. 마치 친구 대하듯 반말로 대꾸하고, 엄마 아빠니까 괜찮겠지 하는 마음으로 무시하는 행동을 하기도 해요.

그런 친구들을 보면 참 안타까워요. 부모님은 나와 가장 가까운 사람이고, 내가 가장 위해 드려야 할 분들인데 말이에요. 부모님이 아니었다면 내가 어떻게 이 세상에 나와 이렇게 예쁘고 씩씩하고 건강하게 잘 자랐겠어요? 부모님이 나를 사랑해 주고, 아껴 주는 것은 당연한 것이고, 나는 아무렇게나 해도 된다고 생각하면 그건 크게 잘못된 생각이에요.

나를 이 세상에 태어나게 해 주시고, 나를 가장 믿고 사랑해 주시며, 나를 위해 열심히 돈도 벌고 맛있는 것도 해 주시는 부모님은 여러분이 가장 존경해야 할 분이에요. 책에 나오는 유명한 사람만이 위인(위대한 인물)이 아니에요. 여러분의 부모님이 바로 그 위인이랍니다!

"저는 부모님을 존경합니다! 그리고 사랑합니다!" 하고 크게 외쳐 보세요.

저는 부모님을 존경합니다! 그리고 사랑합니다!

엄마 아빠께!

엄마 아빠의 이름은 자신 있게 말할 수 있어도 엄마 아빠가 하시는 일이 무엇인지 잘 모르는 아이들이 많아요. 부모님이 다니는 회사 이름이나 하시는 일 정도는 알아야 한다고 생각해요. 그래야 부모님이 하시는 일에 대해 자부심을 느끼고 관심을 기울이며 또한 존경하는 마음도 생기겠지요.

부모님의 직업과 하시는 일을 당당하게 말하는 아이들을 보면 그 부모님도 달리 보게 되어요. 내 아이에게 부모님이 종사하는 곳, 하고 있는 일을 자세히 가르쳐 주세요.

04 내 일은 스스로 하겠다고 다짐하기

초등학교에 들어갈 나이가 되었는데도 엄마의 손길이 여전히 많이 필요한가요? 만약 그게 어려운 일도 아니고 혼자서 충분히 할 수 있는 일들이라면 그건 좀 걱정스런 일이네요.

혼자서 하기 어려운 일도 물론 있어요. 그렇다면 혼자서 할 수 없는 일과 할 수 있는 일을 생각해 볼까요? 목욕하기, 머리 감기는 약간의 도움이 필요하겠네요. 그렇다면 세수하기, 옷 챙겨 입기, 책가방 싸기, 자기 물건에 이름 쓰기, 자기 물건 챙기기는 어떤가요? 혼자서도 충분히 할 수 있는 일이지요.

물론 처음부터 잘 하는 사람은 없어요. 자꾸만 하면서 나아지는 거죠. 조금 서툴고 잘 못하더라도 하나씩 하나씩 혼자서 해 보아요. 어떤 일을 혼자서 해낼 때 기분은 하늘을 날 것 같고 마치 풍선을 탄 듯 몸이 둥둥 떠오르는 느낌이에요. 그만큼 큰 성취감(어떤 일을 해냈을 때의 기분)을 느낄 수 있답니다!

"난 할 수 있어!" 또는 "스스로 하려고 노력할 거야!" 하고 크게 외쳐 보세요. 시작이 반이라는 말이 있듯이 마음가짐을 갖는 것만으로도 이미 반 이상을 한 거나 마찬가지예요.

엄마 아빠께!

아이가 느릿느릿 혼자서 할 때 지켜보기 참 어렵지요. 왜 저렇게 후딱 하지 못하는 걸까, 초조하게 지켜본 적 많으시죠? 지켜보다 도저히 못 참아 대신 해 주신 적도 있을 거예요. 여기서 필요한 건 바로 인내심이에요. 인내심을 가지고 지켜보고, 그 일을 해냈을 때 넘치는 칭찬을 해 주는 것, 그게 바로 부모님이 해야 할 일이지요.

아이와 머리를 맞대고 의논하여 아이가 스스로 할 수 있는 일을 목록으로 만들어 보세요. 일주일 정도 기간을 정하여 스스로 한 것에 O표를 하게 하세요. 일주일이 지나면 목록을 보면서 아이와 반성의 시간을 가지세요. 이때 충분한 칭찬과 더불어 격려의 말이 중요합니다. 앞으로 나아질 거라는 긍정의 말을 건네는 것도 아주 중요하지요.

집 주소와 전화번호 알기

자기가 어느 도시, 어느 마을, 어느 집에 살고 있다는 것은 꼭 알고 있어야 해요. 요즘 어린이들은 어디 사냐고 물어보면 '○○아파트'하고 짧게 대답하는 경우가 많아요.

사는 곳을 말해야 할 때는 정확하게 또박또박 완전한 주소를 말해야 해요. 주소가 길어서 말하기가 어렵다고요? 그렇다면 간단하게 메모해서 갖고 다니면 좋아요. 하지만 가능하면 외워서 언제 어디에서나 술술 말할 수 있으면 더 좋아요. 전화번호도 마찬가지예요. '번호를 휴대폰에 저장해 놓았으니까' 하고 방심하면 안 돼요. 휴대폰을 분실했을 때를 대비해서 집 전화번호와 부모님의 휴대폰 번호는 꼭 외우고 있어야 해요.

◆ 우리 집 주소 써 보기

◆ 집 전화번호와 부모님 휴대폰 번호 써 보기

제가 사는 곳은 푸른 아파트예요.

푸른 아파트는 우리나라에서 여기밖에 없을까요? 어느 시, 어느 구, 어느 동에 있는 푸른 아파트인지 알아 두어야 해요.

엄마 아빠께!

위급한 경우를 대비해 아이에게 가까운 친척들의 전화번호를 일러 주세요. 할아버지, 할머니를 비롯해 가까운 곳에 사는 친척들의 집 주소와 전화번호도 알려 주시면 좋겠죠?

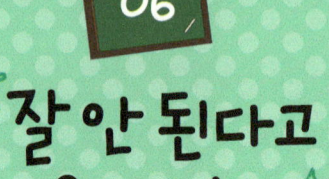

06 잘 안 된다고 울지 않기

하다가 잘 안 되면 울음으로 해결하려는 친구들이 간혹 있어요. 잘 안 되면 다시 해 보려 노력하면 되는데 말이에요.

물론 다시 해 보고 노력해도 잘 안 될 때도 있어요. 그렇다고 울상을 짓고 징징대면 어떨까요? 그런 모습은 다른 사람에게 좋지 않은 인상을 남겨 주게 되지요.

우리나라 시조에 '태산이 높다 하되 하늘 아래 뫼이로다. 오르고 또 오르면 못 오를 리 없건만은 사람은 제 아니 오르고 뫼만 높다 하더라.'라는 게 있어요. 해 보고 또 해 보면 안 되는 일이 없다는 것을 알려주는 시조예요.

열심히 노력해 보지도 않고 금방 포기하거나, 안 된다고 울상이 되어 잔뜩 찡그리고 있는 친구들은 그게 습관이 되어 어떤 일이 닥쳐도 그런 행동을 하겠죠? 끝내 안 되더라도 실망하지 않고 웃으면서 열심히 하는 모습은 다른 사람들에게 기쁨과 감동, 대견함을 준답니다.

조금 못하더라도, 조금 느리더라도 잘 될 거라는 생각으로 하다 보면 목표에 도달할 수 있어요. 희망을 품고 한 걸음 한 걸음 앞으로 나아가는 습관을 들이세요.

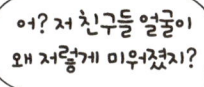

엄마 아빠께!

"한 번 실수하거나 실패하면 울거나 떼를 써요.", "끝까지 해 보지도 않고 중간에 포기하고 무조건 안 된다고 하면서 징징거려요." 저학년 아이를 자녀로 둔 어머니들에게 자주 듣는 말이에요.

그런데 사실 이런 좋지 않은 습관은 지금보다 더 어렸을 때 이미 형성된 것이라고 할 수 있어요. 잘 안 된다고 우는 아이를 보며 '아직 어리니까 그럴 수도 있지.' 라고 생각하지 말고, 어떤 문제든지 울음으로는 해결할 수 없다는 것을 알려 주셔야 합니다.

07 나보다 못한 친구 도와주기

남을 배려하는 것은 참 중요해요. 같이 공부를 하다 보면 분명 나보다 잘하는 친구들도 있지만 못하는 친구들도 많을 거예요.

"야, 넌 그것도 못 하냐?", "어휴, 답답해. 그것도 모르다니.", "너 혹시 바보 아냐?" 이런 말을 듣는 친구의 마음은 어떨까요? 정말로 자신을 바보라고 생각하고 무슨 일이든 자신 없어 하지 않을까요? 이런 말을 하는 사람은 이 세상에서 가장 속 좁고 그릇이 작은 사람이 되는 거랍니다.

"넌 할 수 있어.", "내가 도와줄게.", "조금 더 생각해 봐." 이런 말은 어떨까요? 잘 못하는 자신에게 격려의 말을 해 준 친구를 두고두고 마음속에 간직할 거예요. 그런 친구가 되어 보는 것은 어떨까요?

주위에 혹시 잘 못하는 친구가 있다면 친절하게 가르쳐 주세요. 어떻게 하면 잘할 수 있는지 방법을 가르쳐 주고, 그래도 잘 못하면 옆에서 도와주세요.

혼자만 잘하는 것보다 친구와 같이 잘하면 얼마나 좋을까요? 땀을 뻘뻘 흘리며 친구가 잘할 수 있도록 도와주는 어린이들의 모습은 참 아름다워요. 기쁨을 나누면 배가 되듯이 도와주는 일도 마찬가지랍니다.

남을 도와주면 왜 기분이 좋아질까?

도움을 받은 사람이 기뻐하니까 그런 것 아닐까?

엄마 아빠께!

님비(Not In My Backyard)라는 말이 있어요. 쓰레기 처리장이라든가, 양로원, 장애우 시설 등 사람들이 꺼리는 시설은 우리 마을에 들어서면 안 된다고 주장하는 말이지요. 아이들에게는 어려운 사람을 도와주어야 한다고 말하면서 정작 어른들은 반대의 행동을 하는 거예요.

내 아이보다 부족한 아이들이 잘 되어야, 내 아이가 사는 미래가 밝다는 것 아시죠? 부모님이 먼저 배려하는 모습을 보여 주시면 자연스레 아이는 그 모습을 따라할 겁니다.

08 하기 싫은 일도 꾹 참고 하기

이 세상에는 내가 좋아하는 일도 많지만 하기 싫은 일도 참 많아요. 그런데 어떻게 하고 싶은 일만 하고 살 수 있겠어요? 때로는 하기 싫은 일도 해야 합니다. 하기 싫다고 생각하고 그 일을 하면 끝까지 하기 싫고 재미도 없고 마음만 괴로워요.

어차피 해야 할 일이라면 룰루랄라, 휘파람까지 불면서 즐겁게 해 보아요. 하고 나면 기쁨은 몇 배나 커질 거예요. 모든 일은 마음먹기에 달렸거든요.

하기 싫은 일을 거뜬히 해냈을 때 느끼는 성취감은 어떨까요? 큰 산 하나를 넘은 것처럼 마음이 개운하고 기분이 좋아질 거예요. 예를 들어 숙제를 한다거나 청소를 한다거나 하는 일들 말이에요.

내가 좋아하는 과목만 공부할 수도 없고, 내가 먹고 싶은 음식만 먹고 살 수도 없어요. 내가 좋아하는 일들만 하고 살 수는 없는 게 세상이랍니다. 그러니까 하기 싫은 일이 눈앞에 있으면 얼른 마음속으로 외쳐 보아요.

'그래, 즐겁게 하자!', '자, 얼른 내게로 와. 내가 열심히 해치워 줄게.' 이렇게 말이에요. 그러면 일을 쉽고, 빠르게 또 재미있게 끝낼 수 있겠죠?

엄마 아빠께!

긍정적인 생각이 끼치는 영향은 참 대단해요. 무슨 일이든지 부정적으로 말하는 아이는 매사가 불만으로 가득 차 결국 불행한 삶을 누리게 되고, 무슨 일이든지 밝게 대처하는 아이는 행복한 삶을 누리게 되겠죠.

주스가 반쯤 담긴 컵을 보고 '에이, 반밖에 없잖아.' 하는 엄마의 말과 '어머나, 반이나 남았네.' 하는 엄마의 말 중에서 아이가 어떤 말을 듣고 따라 했으면 싶으신가요?

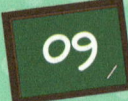

09 국기에 대한 경례하기

나라마다 그 나라를 나타내는 깃발인 국기가 있어요. 우리나라 국기는 태극기지요. 나도 중요하고 가족도 중요하지만 나라도 무척 소중해요. 아무리 내가 잘났어도 나라가 없다면 무슨 소용이 있겠어요.

우리 친구들이 나라를 사랑하는 방법은 아주 간단해요. 국기에 대한 경례를 잘 하는 것이에요. **차려자세로 서서, 오른손을 왼쪽 가슴 위(심장이 뛰는 곳)에 얹고 국기를 바라보아요.** 또 집집마다 태극기는 꼭 하나씩 장만하여 국경일에는 태극기를 달아요. 그러려면 국기 다는 법도 알아 두어야겠지요?

◆ 국기 다는 법

국경일·평일   조의를 표하는 날
(현충일, 국장 기간, 국민장 등)

● **국경일** : 나라의 경사를 기념하기 위해 국가에서 법으로 정한 경축일. 삼일절, 제헌절, 광복절, 개천절, 한글날이 있어요.

엄마 아빠께!

요즘 태극기가 없는 집이 너무 많아요. 태극기가 없다면 꼭 태극기를 장만해 주세요. 국경일이 되면 아이와 함께 태극기를 꺼내 정성껏 달아 주세요. 굳이 말로 하지 않아도 아이 가슴 속에 나라 사랑하는 마음이 싹틀 거예요. 태극기를 내리고 난 후, 태극기를 접어 보관하는 일은 아이에게 맡기세요. 아이 혼자서도 충분히 할 수 있는 일이니까요.

PART 2
신체 발달

초등학교 1학년 교육과정은 활동 중심으로 구성되어 있어요.
특히 즐거운 생활에는 음악, 미술, 체육과 관련한
통합 활동이 많이 있습니다.
초등학교 1학년에 꼭 필요한 신체 활동 내용 및
자세를 알아두면 자신 있게 학교생활을 할 수 있어요.
신체 발달은 학습과도 관련이 깊어요.
건강하고 활동적인 아이들은 학습에도 적극적으로 참여합니다.

10. 차려자세로 서 있기

　한 자리에 오랫동안 앉아 있는 것만큼 한 자리에 오랫동안 서 있는 것도 참 어려운 일이에요. 더구나 움직이지 않고 차려자세로 서 있으려면 얼마나 다리가 아프겠어요. 그런데 초등학교에서는 이렇게 한 자리에 서 있어야 하는 일이 종종 있어요. 물론 중고등학교, 대학교, 어른이 되어서도 틀림없이 있겠지만요. 초등학교에서는 전교생이 참여하는 조회도 있고, 기념식 행사도 있어요. 자주 있는 게 아니기 때문에 어쩌면 더 힘들 수도 있지요.

　그렇다면 행사에 참여할 때 주로 하는 '차려자세'는 어떻게 하는 건지 알아볼까요? 차려자세로 서 있을 때는 허리를 곧게 펴고, 주먹을 살짝 쥐어 (계란을 손 안에 쥐었다 생각하고) 두 다리 바깥쪽에 살짝 대고, 눈은 정면을 보아요. 조금만 딴 생각을 하면 자세가 흐트러지기 쉬우니 집중을 하는 거예요.

　처음부터 차려자세로 오랫동안 서 있기는 힘들어요. 5분, 10분, 15분, 이렇게 차츰 시간을 늘려 가세요. 다리가 아프거나 힘들면 살짝 무릎을 굽혀 앉았다 섰다를 해 보세요. 긴장감이 사르르 풀릴 거예요.

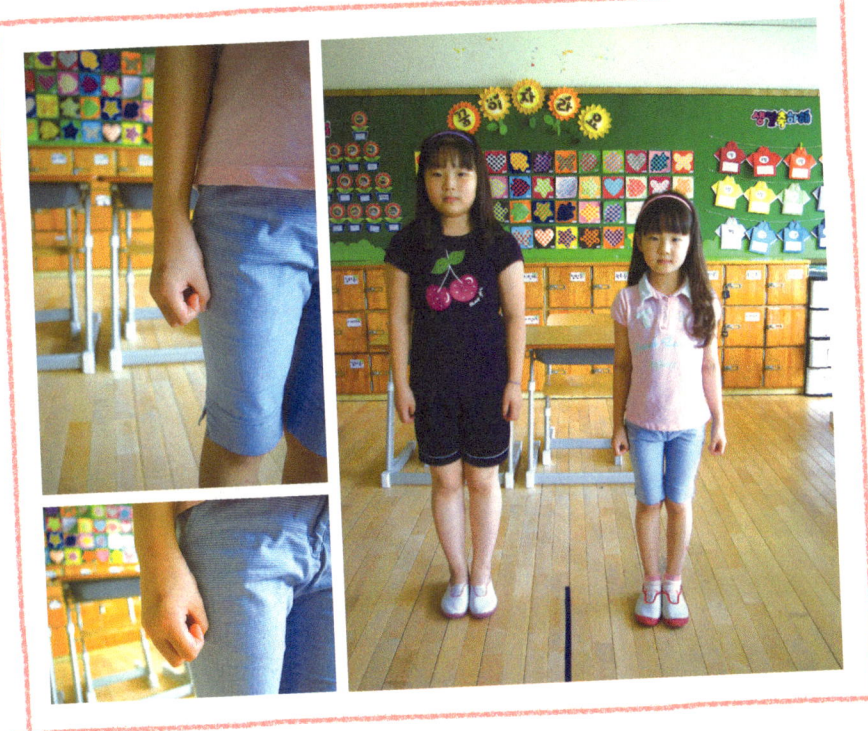

엄마 아빠께!

'차려자세로 서 있는 것이 뭐가 그렇게 중요해? 그런 건 못해도 돼.' 하고 생각하는 부모님들도 있을 거예요. 차려자세로 서 있을 수 있다는 것은 집중력이 있다는 얘기예요. 집중력은 학습과 밀접한 연관이 있다는 것을 생각해 보면, 짧은 시간이라도 '차려자세로 서 있기' 연습은 꼭 필요하답니다.

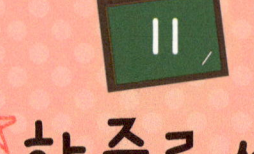
한 줄로 서기

한 줄로 서기는 두 가지 종류가 있어요. 똑바로 곧게 서야 할 때와 그냥 편하게 한 줄로 설 때입니다.

한 줄로 똑바로 서는 게 쉬워 보이지만 사실은 굉장히 어려운 일이에요. 잘 섰다고 생각하지만, 높은 곳에서 내려다보면 줄이 마치 지렁이처럼 꾸불꾸불해요. **한 줄로 똑바로 서기에서 제일 중요한 것은 내가 똑바로 잘 서야 뒤의 사람들이 잘 설 수 있다는 거예요. 이때 내 앞의 앞사람 뒤통수가 보이지 않아야 해요.**

다리가 아파도 참고 오랫동안 서 있는 연습을 해 보아요. 처음에는 5분 정도, 그 다음에는 차츰 늘려 10분 정도 서 있어 보세요. 학교에서는 가끔 운동장 조회를 서는 때가 있어요. 그때 다리가 아프다고 앉는 친구도 있고, 뒤를 돌아보고 얘기하는 친구도 있어요. 몸을 흔들흔들 움직이거나, 심지어 다른 친구가 있는 곳으로 가서 떠드는 친구들도 있답니다. 앞에서는 교장 선생님이 말씀을 하고 계시는데도 말이죠. 그런데 그건 웃어른에 대한 예의가 아니에요. 꾹 참고 남의 이야기를 들을 수 있어야 해요.

똑바로 서지 않아도 되는 한 줄 서기는 학교뿐 아니라 다른 공공기관에서

도 꼭 필요한 행동입니다. 은행이나 극장, 기차역, 버스 승강장 등 다양한 장소에서 차례를 기다릴 때 꼭 필요해요. 학교에서는 급식실에서, 화장실에서, 교실에서 선생님에게 과제 검사를 맡을 때, 필요한 물건을 받을 때 꼭 필요합니다.

엄마 아빠께!

차례를 기다리는 한 줄 서기 습관을 길러 주는 것은 어렵지 않아요. 부모님께서 아이를 데리고 외출할 때 한 줄로 서는 모습을 보여 주시기만 하면 됩니다. 부모의 모습을 보고 자란 아이들, 부모의 행동을 그대로 따라 하지요.

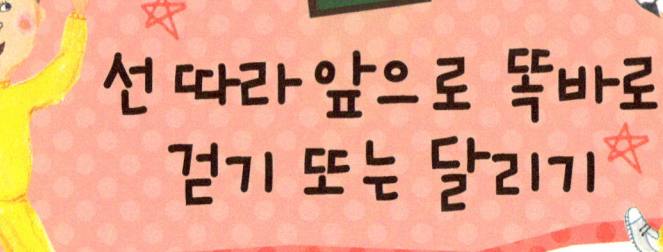

선 따라 앞으로 똑바로 걷기 또는 달리기

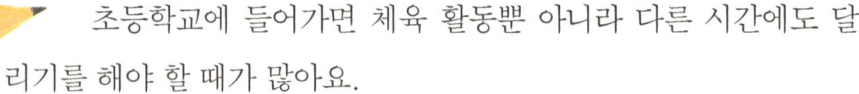

초등학교에 들어가면 체육 활동뿐 아니라 다른 시간에도 달리기를 해야 할 때가 많아요.

혼자 달리는 경우도 있지만 여럿이서 달려야 하는 경우도 있지요. 특히 학년 운동회나 전 학생이 참여하는 학교 운동회 때가 되면 보통 6명 정도는 함께 달려야 합니다.

그때 똑바로 걷거나 달리지 못하고 구불구불 이리 갔다 저리 갔다 하면 전체 대열이 흐트러질 수 있어요. 또, 다른 사람이 달리는 것을 방해하는 경우도 생기고요. 자기의 선에서 똑바로 달리는 것이 그래서 중요해요.

똑바로 선을 그어놓고 선 따라 걸어 보세요. 어느 정도 됐다 싶으면 이번에는 선 따라 곧게 달려 보세요.

그렇다고 항상 곧게 달려야만 하는 건 아니에요. 수업 주제에 따라 구불구불한 선을 걷거나 달리는 경우도 있어요. 이것도 연습해 보아요. 구불구불한 선을 달릴 때는 평형감각을 유지하면서 속도를 조절하는 것이 중요합니다.

눈앞에 목표물을 정해 놓고, 그곳을 향해 달리는 연습을 해 보세요. 처음에는 어렵지만 몇 번 해 보면 목표물에 정확하게 도달할 수 있답니다.

> 출발선에서 기다리고 있다가 출발 신호를 잘 들어야 해.

> 똑바로 달려야 결승점에 빨리 도착할 수 있어.

엄마 아빠께!

대부분 수업 중에 하는 '달리기'는 선 따라 똑바로 달리는 것이에요. 무슨 일이든 경험해 본 아이들이 말귀를 잘 알아듣고 제 할 일을 잘 수행하지요. 눈앞에 목표물을 정해 놓고 아이와 함께 똑바로 달려 보세요.

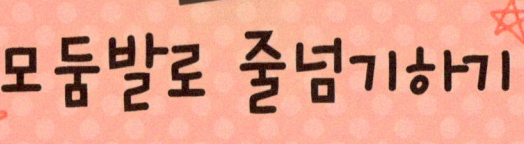

13. 모둠발로 줄넘기하기

초등학교에는 '줄넘기 인증제'라는 것이 있어요. 줄넘기 운동이 좁은 장소에서도 쉽고 편하게 할 수 있고, 건강에도 아주 좋다는 게 알려지면서 열풍이 불고 있는데요. 대부분의 학교에서도 전 학년이 의무적으로 줄넘기 인증제를 실시하고 있지요. 학년마다 수준 차이를 두어 목표를 세우고 그 목표치를 통과하면 급수를 받고 인증장을 주어요. 예를 들어 1학년 때는 모둠발로 줄넘기하기 20회, 2학년에 올라가면 30회, 이런 식으로 목표가 올라가는 거예요.

줄넘기하는 방법은 모둠발로 뛰어넘기 외에 다양한 방법이 있어요. 예를 들면 한 발로 줄넘기하기, 뒤로 뛰어넘기, 두 발 번갈아 뛰기 등등이에요.

그런데 가만히 보면 줄넘기하는 것을 힘들어하는 친구들이 꽤 있어요. 운동 감각이 부족해서이기도 하지만 대부분은 연습 부족 때문이지요. 줄넘기 운동은 줄을 돌리는 것과 그 줄을 넘는 시간을 절묘하게 맞춰야 해요.

줄넘기를 가방 안에 넣고 다니며 장소와 시간이 맞을 때마다 모둠발로 넘는 연습을 해 보아요. 모둠발로 줄을 넘을 수 있으면 다른 방법의 줄넘기들도 곧 잘 할 수 있어요.

엄마 아빠께!

공부를 잘 못해서 기죽어 지냈던 아이가 줄넘기 하나로 반 아이들의 인기를 한몸에 받기도 해요. 공부는 잘 하지만 줄넘기를 못해 체육 활동 시간에 친구들의 주위를 빙빙 도는 경우도 있고요. 뭐든지 보통 정도는 해 놓아야 아이의 사기가 떨어지지 않는답니다.

14. 철봉에 오래 매달려 보기

철봉을 무서워하는 친구들이 뜻밖에 많아요. 철봉에 올라가자마자, 팔이 아프다고 내려오는 친구들, 하기도 전에 못한다고 포기하는 친구들도 있어요. 물론 팔이 아프지요. 겁도 좀 날 거고요. 그렇다고 노력하지도 않고 포기할 수는 없죠.

팔이 좀 아파도 꾹 참고 매달려 있어 보세요. 연습을 하면 할수록 철봉에 매달려 있는 시간이 늘어날 거예요. 연습도 하지 않고. '난 안 돼!' 하고 생각하는 건 아니겠죠?

참! 그런데 이런 운동이 왜 필요한지 궁금하다고요? 대답해 줄게요. 철봉에 오래 매달릴 수 있다는 것은 지구력과 끈기, 인내력(참을성)이 있다는 거예요.

여러분은 앞으로 계속 공부를 할 겁니다. 초등학교도 다녀야 하고, 중고등학교도 다녀야 하고, 대학교도 다녀야 하고. 앞으로 계속 공부를 하려면 이런 인내심과 끈기가 참 중요해요. 철봉에 오래 매달린다고 무조건 공부를 잘하는 건 아니지만, 공부뿐만 아니라 앞으로 닥칠 어렵고 힘든 일들을 헤쳐나갈 기본자세를 갖출 수 있답니다.

철봉이 저를 싫어해요. 같이 놀자고 매달리면 주르륵 저를 밀어내요.

철봉이 좋다고 할 때까지 매달려 보렴.

엄마 아빠께!

체육 수업을 하다 보면 철봉을 두려워하는 아이들이 꽤 있어요. 두려움을 없앤다는 의미에서 펄쩍 뛰어올라 철봉을 잡아 보는 것도 좋은 방법이에요. 그게 잘 안 되면 부모님이 아이를 안아서 철봉을 잡을 수 있게 하세요.

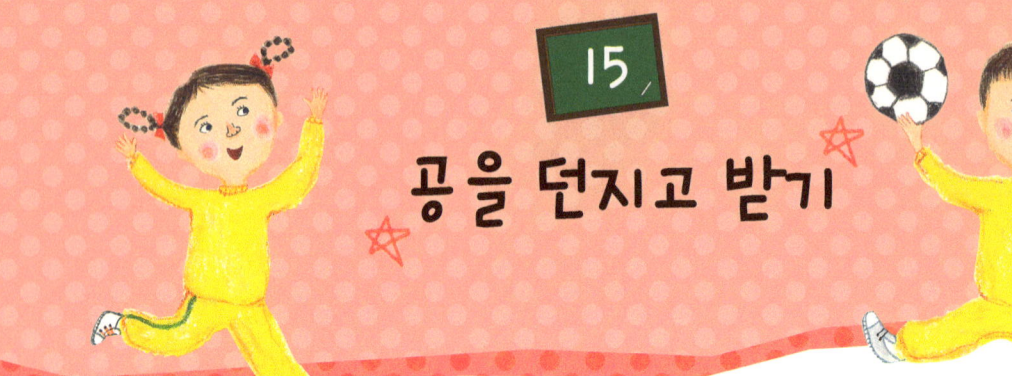

15. 공을 던지고 받기

초등학교에서는 공을 던지고 받는 놀이를 자주 해요. 이때 공이 오는 방향을 몰라 엉뚱한 곳에 손을 내밀거나, 공을 던지는 방법을 몰라 엉뚱한 데 던지면 안 되겠죠?

목표를 정해 놓고 공을 던지는 연습을 해 보세요. 또 부모님께 도움을 청해 공을 받는 연습도 해 보아요. 처음부터 단단한 공으로 하면 자칫 손가락을 삐거나 다칠 수가 있으니 부드러운 탱탱볼을 사용하세요.

공을 던질 때는 처음에는 두 손으로 던지다가 익숙해지면 한 손으로 던져요. 받을 때는 두 손으로 가슴에 품듯이 받습니다.

공을 아래로 던지고 아래로 받기, 중간으로 던지고 중간에서 받기, 위에서 던지고 위에서 받기 등 다양한 방법으로 연습해 보아요.

이런 던지고 받기가 잘 되면 그 다음에는 간단한 공놀이를 해 보아요. 목표 지점을 정한 후 두 사람이 짝이 되어 던지고 받기를 하면서 그 지점을 돌아오는 거예요. 어린이들이 가장 좋아하는 공놀이는 피구입니다. 두 편으로 나눠, 서로 공을 던져 상대방에 맞히는 놀이지요. 이때 공을 잘 피하거나 공을 잘 받아야 점수를 얻을 수 있어요.

엄마 아빠께!

공에 맞았던 기억 때문에 공을 무서워하는 아이들이 많아요. 저학년 수업에서는 주로 탱탱볼을 사용하지요. 탱탱볼은 부드럽고 말랑말랑해서 얼굴 등에 맞아도 그다지 아프지 않거든요. 탱탱볼을 던지고 받으면서 공에 대한 두려움을 없애 주세요.

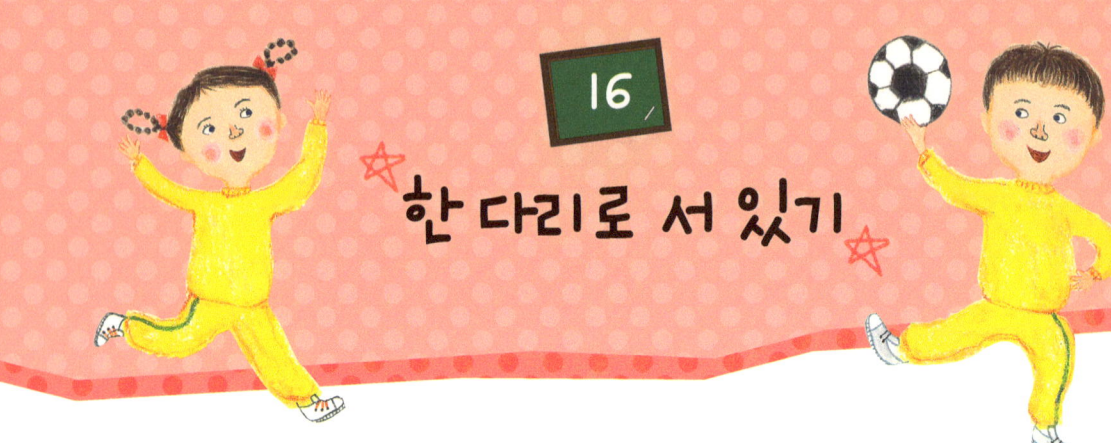

16. 한 다리로 서 있기

평형 감각을 키워 주기 위한 운동이에요. 한 다리로 서 있는 것은 놀이할 때도 필요하지만 체육 수업할 때도 필요해요.

평균대에 올라가 균형을 잡으며 걸음을 옮기는 활동이 있어요. 이때 올라가는 것조차 겁을 내고 두려워하는 친구들이 많답니다. 또 올라가서도 한 발자국도 옮기지 못한 채 덜덜 떠는 친구들도 있고요. 평균대는 그리 높지 않은데도 말이에요.

한 다리로 서 있다가 힘이 들면 다른 다리로 무게 중심을 옮겨 서 있는 연습을 해 보아요.

그렇다면 평형 감각은 왜 필요한 걸까요? 체육 활동을 할 때 평형 감각이 있으면 균형을 잘 잡아 넘어지지 않고 즐겁게 참여할 수 있답니다.

평형 감각이 발달하면 체육 수업을 할 때 잘 다치지도 않아요. 균형 감각이 있기 때문에 어떤 상황이 닥쳤을 때 재빨리 상황에 적응하기 때문이랍니다.

왼쪽 다리를 들고 서는 게 잘 되면 이번에는 반대쪽 다리를 들고 서 있어 보아요. 몇 분쯤 견딜 수 있는지 시간도 재어 보아요.

두 팔은 왜 벌리고 있는 거죠?

균형을 잡으려고 그러는 거란다. 외줄타기 하는 사람들 봤지? 그 사람들도 균형을 잡으려고 두 팔을 벌리고 줄을 타잖아.

엄마 아빠께!

우리 어렸을 적에 자주 하던 깨끔발 기억하시나요? 한 다리를 들고 깡충깡충 뛰는 거지요. 아이와 함께 시합을 하면서 놀이를 통해 자연스럽게 익히도록 도와주세요.

음악에 맞춰 체조하기

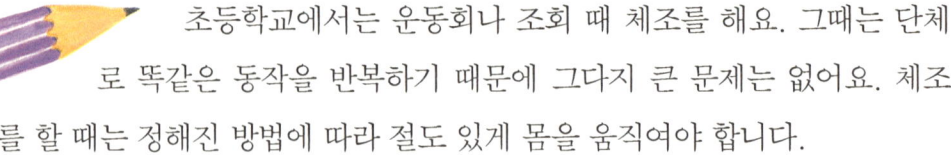

초등학교에서는 운동회나 조회 때 체조를 해요. 그때는 단체로 똑같은 동작을 반복하기 때문에 그다지 큰 문제는 없어요. 체조를 할 때는 정해진 방법에 따라 절도 있게 몸을 움직여야 합니다.

이런 방법 말고 음악에 따라 자유자재로 몸을 움직이는 활동도 많아요. 음악의 느낌에 따라 몸을 움직이는 거예요. 곡이 빠르면 빠르게 몸을 움직이고, 곡이 느리면 몸을 느리게 움직이는 거지요.

곡이 슬프면 슬픈 듯한 몸놀림, 곡이 경쾌하면 빠르고 경쾌한 몸놀림 등 음악을 듣고 개성 있게, 창의적으로 몸을 움직이는 수업이 초등학교 때에는 꽤 많아요.

몸으로 표현하는 것도 연습하면 잘 할 수 있어요. 처음에는 연습한 대로 기계적으로 몸을 움직이다가 나중에는 느낌대로 몸을 움직일 수가 있답니다.

처음에 쑥스럽고 잘 몰라서 하기가 어렵다면 동물의 움직임을 흉내내 보아요. 정글에서 먹이를 찾아 헤매는 사자, 느릿느릿 움직이는 거북이, 시냇물에서 헤엄치는 물고기 등 여러 동물의 움직임을 연습해 보아요. 이렇게 여러 가지 움직임을 익히고 나면 어떤 음악이 나와도 쉽게 몸을 움직일 수 있을 거예요.

엄마 아빠께!

자기 표현력이 중요한 시대입니다. 음악을 듣고, 미술 작품을 보고 자기 생각을 잘 표현하는 아이들이 학습에도 큰 효과를 보이지요.
집에서 아이와 함께 음악을 듣고 마음껏 몸을 흔들어 보세요. 부모가 몸으로 감정 표현을 잘 해야 아이도 솔직하고 자유롭게 감정 표현을 잘 한답니다.

PART 3
생활 습관

어렸을 적의 생활 습관이 평생을 좌우한다는 말이 있어요.
그만큼 올바른 생활 습관이 중요하다는 얘기죠.
세계적으로 유명한 위인들의 어린 시절을 들여다보면
바른 생활 습관을 가졌음을 알 수 있어요.
어렸을 때 바른 생활 습관을 길러 놓아야 한다는 것, 잊지 마세요.
자신이 가지고 있는 안 좋은 습관을 버리고,
새로운 습관을 갖는다는 것은 생각보다 훨씬 어려울 수 있어요.
하지만 어려워도 꾹 참고 고쳐 놓으면
나중에 커서도 많은 도움이 될 거예요.

아침에 혼자 일어나기

누군가가 깨울 때까지 일어나지 않는다거나, 늦잠 자는 버릇이 있다면 고쳐야겠어요. 이제 혼자 일어나는 연습을 해야 합니다. 그런데 혼자 일어나기 정말 어렵다고요? 자명종에게 맡겨 보는 건 어떨까요?

아침을 기분 좋게 시작해야 하루가 즐거워요. 억지로 일어나서 찌뿌둥한 얼굴로 학교에 간다면 그날 하루는 계속 기분이 좋지 않을 거예요.

'첫 단추를 잘 끼워야 한다.'는 말 알고 있나요? 첫 단추를 잘 끼우면 옷도 척척 잘 입을 수 있고, 차림도 단정하지요. 그런데 첫 단추를 잘 못 끼웠다고 생각해 보세요. 옷매무새가 엉망이 되어 결국 처음부터 옷을 다시 입어야 하지요.

아침에 규칙적인 시간에 일어나기 위해서는 규칙적으로 잠자리에 들어야 해요. 일찍 잠자리에 들어야 그 다음날 아침에 기분 좋게 일어날 수 있다는 것, 알고 있죠? 그렇게 늘 같은 시간에 잠들고 일어나다 보면 습관이 되어 누구의 도움을 받지 않고도 스스로 잘 일어날 수 있어요.

그러기 위해서 잠자는 시간과 일어나는 시간을 정해 보아요. 규칙적인 시간에 잠자고 일어나는 습관은 학교 가기 전에 꼭 익혀 두어야 합니다.

일찍 일어나면 기분도 상쾌해요. 서두르지 않아도 되니까 하루를 기분 좋게 시작할 수 있어요.

엄마 아빠께!

아침에 늦게 일어나 아침밥을 못 먹으면 뇌도 완전히 깨어나지 않아 수업 시간에 멍하니 앉아 있게 됩니다.

미국영양협회 ADA의 조사에 따르면 아침을 먹는 아이가 아침을 굶는 아이보다 집중력, 학습 능력, 창의력이 높고 결석률도 낮다고 합니다.

일찍 자고 일찍 일어나는 습관을 길러 주면 아침밥을 못 먹고 학교에 가는 일은 없겠죠?

19. 책상 앞에 20분 이상 앉아 있기

초등학교 1교시 수업 시간은 40분이에요. 40분이면 얼마 정도의 시간일까요? 한 시간이 60분이니까 40분도 꽤 긴 시간이지요. 물론 수업 시간 내내 40분 동안 계속 앉아 있어야 하는 건 아니에요. 수업 내용에 따라 때로는 일어서서 몸을 움직이기도 하고, 모둠 활동 때문에 교실 안을 이리저리 옮겨 다니며 수업을 할 경우도 있어요. 그렇게 활동하는 시간이 많다고 해도 적어도 10분에서 20분 정도는 의자에 앉아 있어야 해요. 그러자면 엉덩이도 아프고, 자꾸만 딴 데로 눈길이 가고, 몸이 뒤틀릴 거예요. 또 친구들과 이야기도 하고 싶을 거예요.

하지만 꾹 참고 앉아 있는 연습을 해 보아요. 바른 자세로 앉아서 선생님 말씀에 귀 기울이는 연습을 해 보세요. 물론 처음부터 잘 되진 않을 거예요. 처음에는 5분, 그 다음에는 10분, 또 그 다음에는 15분, 이렇게 차츰 늘려 가면서 20분 정도 앉아 있는 연습을 해 보세요. 참을성도 필요하고, 끈기도 필요해요. 몸을 움직이고 딴짓을 하고 싶어 하는 마음을 누를 수 있는 힘도 필요하고요. 만약 20분 정도 앉아서 공부에 집중할 수 있다면 축하받아야 해요. 수업 내용을 이해할 수 있는 힘이 생긴 것이니까요.

처음부터 오래 앉아 있기는 어려우니까 천천히 해 봐요.

어떻게 하면 책상앞에 오래 앉아 있을 수 있을까요?

엄마 아빠께!

어떻게 하면 책상 앞에 오래 앉아 있을 수 있을까요? 책상 앞에 앉아 책을 읽거나 공부를 하라고 하면 아이들은 대부분 싫어합니다.

책상 앞에 앉아 있는 습관을 기르려면 책상 앞에 앉아 놀게 하세요. 될 수 있으면 장난감을 가지고 노는 놀이도 책상 앞에 앉아서 하도록 합니다. 그러다가 차츰 책을 읽거나 공부를 하는 쪽으로 유도하면 아이들은 책상 앞에 앉아 있는 것에 거부감이 사라지고 익숙해지겠죠?

20 예의 바르게 인사하기

아침에 학교에 갈 때 하는 인사 "학교에 다녀오겠습니다", 학교에 다녀와서 하는 인사 "학교 잘 다녀왔습니다", 선생님을 만났을 때 하는 인사 "안녕하세요?", "안녕하십니까?", 친구들을 만났을 때 하는 인사 "○○야, 안녕!" 등의 연습을 해 보아요.

학교에서 선생님을 만났을 때는 고개를 약간 숙이고 "선생님, 안녕하세요?"라고 똑똑한 목소리로 인사를 합니다.

학교에는 여러 선생님이 계시는데 자신의 담임 선생님에게만 인사를 하고 나머지 선생님들은 멀뚱멀뚱 바라만 보고 있는 친구들도 있어요. 물론 누군지 몰라서 그런 경우도 많지요. 가장 좋은 방법은 학교 안에서 만나는 어른들께 "안녕하세요?" 하고 예의 바르게 인사하는 거예요. 참 좋은 방법이지요?

하루 중 처음 만났을 때는 큰 소리로 예의 바르게 인사하고, 두 번째부터는 가볍게 머리를 숙이는 정도가 좋아요. 만날 때마다 큰 소리로 인사하면 인사를 받는 사람도, 하는 사람도 부담스러울 수 있으니까요.

그밖에도 고맙습니다(감사합니다), 죄송합니다(미안합니다) 등의 말도 적절하게 사용해 보아요.

두 손을 배꼽에 대고 하는 배꼽 인사를 하면 공손하게 인사한 것 같아 기분이 좋아져요.

받는 사람도 기분이 좋아져요.

엄마 아빠께!

예의 바른 태도는 가정에서 주로 형성되어요. 부모가 인사성이 바르면 그것을 그대로 닮게 됩니다. 또 아이는 부모의 말투까지도 그대로 배우게 되지요.
혹시 아이의 말투에 문제가 있다면 부모님 자신의 말투를 곰곰이 생각해 보세요.

21 아침마다 화장실 가기

　환경이 바뀌면 예민하게 반응하는 친구들이 있어요. 자기가 사용하던 화장실이 아니면 용변을 제대로 못 보고 꾹 참아, 나중에는 병이 되는 경우도 있답니다. 또 그것 때문에 학교 수업이 부담스럽고 재미가 없어지기도 해요. 입학하기 전 학교에 미리 방문해 화장실을 직접 사용해 보세요. 몸이 익숙해지는 것이 가장 큰 도움이 되어요.

　휴지로 뒤처리하는 방법도 미리 연습해 오면 좋겠지요? 뒤처리를 하지 못해 선생님을 불러 대서 다른 아이들이 수업을 받을 수 없는 상황도 종종 벌어집니다.

　학교에 오기 전 꼭 하루에 한 번 규칙적으로 화장실에 가서 용변을 보는 훈련이 가장 중요해요. 규칙적인 습관이 힘들다면, 섬유질이 많은 채소와 과일, 현미 같은 잡곡밥, 미역, 다시마 같은 해조류 음식을 먹도록 하세요.

　학교 화장실은 여러 명이서 사용하는 곳이므로 차례를 지키는 것도 중요해요. 화장실에 들어가기 전 노크하기, 볼일 보고 난 후 뒷사람을 위해 물 내리기, 적당한 길이로 화장지 사용하기, 화장실 사용 후 비누로 손 씻기 등도 지켜야 할 중요한 예절이에요.

"학교에서 큰 볼일을 보고 싶으면 어떡해요? 창피할 것 같아요."

"무슨 소리! 집에서처럼 똑같이 하면 돼요."

엄마 아빠께!

집이 아닌 다른 화장실에서도 불안감을 가지지 않고 편안하게 볼일을 볼 수 있게 연습을 시키세요. 볼일을 보고 싶을 때 교사에게 말하는 연습도 필요합니다. "선생님! 화장실 다녀오겠습니다." 등이 좋아요. 볼일을 보고 옷을 잘 입을 수 있도록 벗기 편하고 입기 편한 옷을 입혀 보내는 센스도 필요하지요.
볼일을 보고 나서의 처리 과정, 자세 등은 가정에서 철저하게 연습하고 입학하는 게 좋겠죠?

22. 혼자 옷 입기

혼자 옷 입는 게 너무 어렵다고요? 충분히 혼자 옷을 입을 수 있는 친구들도 있지만 옷 입는 것을 귀찮아하거나 하기 싫어하는 친구들도 있을 거예요. 옷을 혼자 잘 못 입는다고 흉이 되는 건 아니지만 언제까지나 부모님에게 의지할 수는 없잖아요.

어떻게 하면 학교에 늦지 않고, 혼자서 척척 옷을 잘 입을 수 있을지 우리 함께 생각해 볼까요?

잠자기 전에 다음날 입고 갈 옷을 미리 골라 놓는 게 좋겠죠? 양말까지 다 챙겨 놓습니다. 그리고 될 수 있으면 엄마 아빠의 도움 없이 혼자 옷을 골라 보아요. 매번 엄마가 옷을 골라 줄 수는 없을 테니까요.

옷을 입을 때는 어디 뜯어진 곳은 없는지, 뒤집어지지 않았나 잘 살펴보아요. 입고 나서 불편한 곳은 없는지 꼼꼼히 살핍니다.

학교에서는 미술 활동, 체육 활동 등 다양한 활동을 하므로 단정하고 편한 옷이 가장 좋아요. 예쁘기는 하지만 활동하기 불편한 옷을 입고 왔다면 온종일 마음마저 불편할 거예요. 활동적이면서 깔끔하고 입고 벗기 편한 옷이 가장 좋습니다.

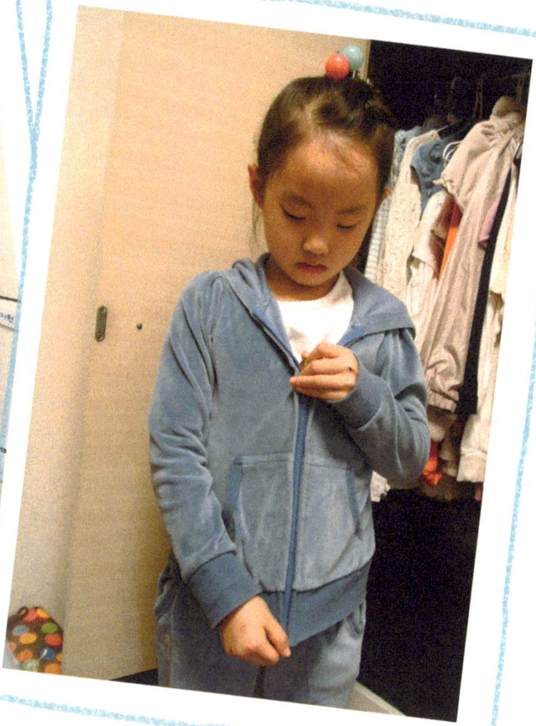

엄마 아빠께!

너무 비싼 옷이나 화려한 옷은 좋지 않아요. 학교에 예쁜 옷을 입혀 보내려는 부모님의 마음은 이해가 가지만, 학교 활동을 할 때 거추장스러워 오히려 공부하는 데 역효과를 줄 수 있답니다. 깨끗한 옷, 편하고 단정한 옷을 입혀 보내는 게 좋아요.

좀 극단적인 예지만, 비싸고 화려한 옷을 입혀 보내, 유괴범들의 눈에 띄어 표적이 되었던 일도 있었어요. 금목걸이를 하고 와서 나쁜 사람들의 표적이 된 적도 있었고요. 하굣길 공원에서 만난 예쁜 언니가 아이에게 아는 척을 하며 예쁘다면서 같이 사진을 찍자고 했어요. 어깨동무를 하고 사진을 찍고 헤어졌는데 나중에 보니 생일 선물로 받은 금목걸이가 사라진 거예요. 아이에게 비싼 액세서리, 비싼 옷이 왜 안 좋은지 아셨죠?

23. 젓가락으로 밥(반찬) 먹기

　음식 남기지 않기, 식사 시간 중에 예절 지키기, 급식실에서 질서 지키기 등은 꼭 지켜야 할 급식 예절이에요.
　그런데 이것 말고 중요한 것이 또 하나 있어요. 젓가락질을 잘 해야 한다는 것이에요.
　숟가락으로만 먹어도 될 걸, 꼭 젓가락질을 배워야 하나 생각할 수도 있어요. 그러나 젓가락질은 우리 식생활에 맞게 발달한 우리의 문화예요. 도구를 사용하지 않고 손으로 밥을 떠먹는 민족도 있지만 우리는 젓가락과 숟가락을 사용하여 밥을 먹는 것을 올바른 예절로 여겨요.
　또 젓가락질을 하면 두뇌 발달도 촉진되고, 집중력과 균형 감각도 키울 수 있으며 감성지수도 높여 준다고 해요.
　"난 포크가 없으면 못 먹어요." 하면서 아예 젓가락질을 포기하는 친구들이 있어요. 그런 친구들을 보면 안타까워요. 고학년이 되어서도 젓가락질을 못해 모든 음식을 숟가락으로 먹을 것 아니겠어요?
　또 자기가 흘린 음식은 꼭 자기가 치우도록 합니다. 밥을 입에 물고 말을 하거나 밥을 먹다가 다른 일을 하는 것도 고치는 게 좋겠죠?

"어른이 되어서도 포크로 먹을 거예요?"

"젓가락질 안 하면 어때요? 포크로 먹으면 되잖아요."

엄마 아빠께!

젓가락질을 수행평가로 실시하는 학교도 있어요. 즐겁게 젓가락질을 배우기 위해 온 가족이 모여 콩 옮기기 놀이를 해 보는 것이 어떨까요?

24. 혼자 이 닦기

주5일제 수업이 전면 시행되면서 1학년도 5교시 수업을 하는 날이 있어요. 5교시 수업이 없더라도 매일 급식을 하니까 이 닦기는 꼭 해야 해요.

교실에 있는 사물함에 칫솔과 치약을 갖다 놓고 급식을 하고 난 후 이를 꼭 닦으세요. 밥 먹고 난 후 3분 안에 닦는 게 가장 좋으니까 급식을 하고 난 후, 가능하면 빨리 이를 닦는 것이 좋겠지요.

◆ 이 닦는 방법

 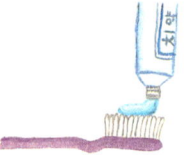 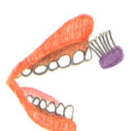

칫솔을 잡아요.　　치약을 짜요.　　칫솔을 잇몸 깊이 넣고 이와 잇몸이 닿는 부위부터 돌려서 닦아요.

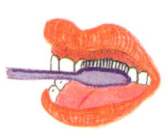 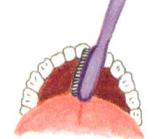 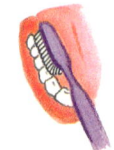 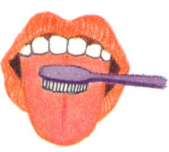

치아의 바깥쪽을 닦아요.　치아의 안쪽을 닦아요.　치아의 씹는 면을 닦아요.　혀를 닦아요.

학교에 칫솔과 치약을 준비해 날마다 닦아야겠어. 친구들과 함께 치카치카, 재밌겠다!

양치 컵 준비하는 것도 잊지 말고!

엄마 아빠께!

학교에서도 1년에 한 번씩 구강 검사를 비롯하여 각종 구강 교육을 실시해요. 하지만 이것으로 만족하지 말고, 가정에서도 꾸준한 구강 교육이 필요하답니다.

25. 실내화 제대로 신기

　무슨 이유인지 실내화를 제대로 신지 않고 뒤축을 구겨 신는 친구들이 있어요. 만약 실내화가 작아서 그렇다면 자기 발에 맞는 실내화를 구입해야 해요. 그런데 가만 보면 실내화가 작아서라기보다는 그냥 습관적으로 그렇게 신는 것 같아요. 또 발에서 열이 나서 그렇다고 하는 친구들도 있어요. 그렇다면 통풍이 잘 되는 실내화를 신는 게 좋겠죠?

　또 겨울이 되면 털이 부숭부숭한 동물 모양 실내화를 신는 친구들도 있어요. 그런 실내화는 처음에는 예뻐 보이지만 털 때문에 먼지가 묻어 금세 때가 타서 보기가 안 좋아요. 학교생활 하기도 좀 불편하고요. 발이 시려서 그런다면 따뜻한 양말을 신어 해결하는 게 좋겠어요. 또 여름이 되면 슬리퍼를 신는 친구들도 있어요. 하지만 슬리퍼를 신으면 걷거나 뛰다가 미끄러질 염려가 많아요. 계단을 오르내릴 때에도 불편하고요. 여름에는 땀 때문에 슬리퍼가 벗겨질 수도 있어요.

　그렇다면 어떤 실내화가 가장 편하고 좋을까요? 바로 하얀색 보통 실내화랍니다. 깨끗하게 빤 하얀 실내화를 신은 친구를 보면 보는 이의 마음까지 깨끗하고 단정해져 학교생활이 한결 즐겁답니다.

엄마 아빠께!

다른 아이보다 더 좋은 것으로 해 주고 싶은 마음, 모든 부모님이 갖고 있어요. 하지만 단체 생활을 해야 하는 학교에서는 남들과 똑같은 것으로 해 주시는 게 좋아요.
특히 겨울이면 따뜻해 보이는 동물 모양 실내화를 사 주시는 분들이 많은데, 이것은 아이의 학교생활을 불편하게 하는 원인이 되기도 해요.

26. 끈 매는 연습하기

학교에 올 때 예쁜 리본이 달린 옷을 입고, 예쁜 운동화를 신고, 예쁜 머리끈을 하고 옵니다. 그런데 수업하는 도중에 끈이 풀어졌어요. 여러분은 어떻게 할 건가요? 혼자서 해결할 수 있나요? 옷에 매달린 리본을 원래대로 묶고, 운동화 끈도 묶고, 머리끈도 다시 예쁘게 묶을 수 있나요?

대부분의 어린이들은 교탁 앞으로 와 "선생님, 끈이 풀어졌어요. 끈 좀 묶어 주세요." 합니다. 그렇다고 끈이 없는 옷이나 운동화만 신고 오라는 건 아니에요. 문제는 그 끈을 다시 묶어 주고, 매어 주고 하느라 선생님들이 수업 시간을 놓친다는 거죠. 또 이렇게 끈을 묶어 주다 보면 스스로 잘하는 친구들도 덩달아 선생님에게 달려와 묶어 달라고 해서 곤란해져요.

이와 비슷한 경우로 단추 잘 채우기도 있어요. 단추는 위에서부터 차근차근 하나씩 차례로 잘 채우는 습관을 길러 주세요.

자, 이제 여러분도 어엿한 1학년이에요. 어렵게 느껴지는 일이라도 혼자 힘으로 해 보도록 노력해 보세요. 단정한 몸에서 단정한 행동이 나오고, 단정한 행동을 하다보면 단정한 마음은 저절로 키워진답니다.

운동화 끈 묶기는 어때요? 한번 해 보면 어렵지 않아요.

저도 이제 단추 채울 줄 알아요. 다음엔 뭘 해 볼까요?

엄마 아빠께!

패션을 중요하게 생각하는 요즘 시대에는 다양한 끈(리본)이 사용되고 있어요. 그런데 이 끈(리본)이 아이를 산만하게 할 수도 있습니다. 공부를 하다 보면 원피스에 붙어 있는 리본이 풀어져 아이는 공부보다는 그것에 더 신경을 쓰거든요.
리본이 꼭 필요한 옷이라면 잘 풀어지지 않도록 처리해서 학교에 보내는 것이 중요해요.

27. 정해진 시간 안에 점심 먹기

점심시간에 소곤소곤 이야기를 하면서 밥을 먹는 것은 괜찮아요. 하지만 큰 소리로 떠들고 웃으면서 먹어 밥알이 입에서 튀어나오거나, 얘기하느라 밥을 제시간 안에 먹지 못하면 어떨까요? 딴짓을 하다가 못 먹는 경우도 있지만 먹기 싫어서 깨작깨작 하고 있다가 시간이 다 지나가는 경우도 있어요. 밥을 입에 넣고 오랫동안 물고 있는 친구, 먹기 싫은 반찬이 있다고 투덜거리다가 아예 시간을 놓치는 친구도 있고요. 급식 시간을 자칫 노는 시간으로 착각해 친구들과 노느라 밥이 그대로 남아 있는 친구도 있지요.

급식 시간에 밥을 먹는 것도 아주 중요한 공부입니다. 한 시간 동안 밥을 먹으라고 했는데 그 시간을 넘겨 식판을 앞에 두고 앉아 있으면 곤란해요.

그렇다고 억지로 먹으라는 얘기는 아니에요. 문제의 원인이 무엇인지 잘 알고 고쳐 나가야 한다는 뜻이랍니다. 집에서 먹어 본 적 없는 음식이라고, 또는 입맛에 맞지 않는다고 쳐다보고만 있나요? 먹기 싫은 음식도 친구들과 즐거운 마음으로 먹는다면 쉽게 먹을 수 있어요.

학교의 영양사 선생님은 정확한 계산에 따라 꼭 필요한 영양소를 위해 식단을 짜고 있어요. 그리고 아이들의 식성에 맞게 노력하고 있으니 먹어 본 적 없는 음식이라고, 또는 싫어하는 음식이라고 무조건 거부하지 마세요. 만약 속이 좋지 않거나, 몸이 아파 음식을 먹을 수 없다면 선생님께 말씀드리세요.

밥을 잘 먹는 친구들은 활기차고 건강하며 무슨 일이든 적극적으로 합니다. 지금부터라도 편식하는 습관을 버리고 친구들과 즐거운 점심시간을 가져 보세요. 좋은 식습관은 평생을 건강하게 해 준답니다.

엄마 아빠께!

집에서도 음식을 남기지 않고 제시간 안에 먹는 것이 중요해요. 가족과 속도를 맞춰 가면서 먹는 연습을 시켜 주세요. 식사가 끝나면 자기가 먹은 밥그릇과 국그릇, 수저를 싱크대에 스스로 갖다 놓는 습관을 길러 주세요. 그러면 학교에서도 식판을 놓을 때 제대로 할 수 있고, 자랑스러운 마음을 갖게 될 거예요.
편식을 하는 아이, 특히 나물류를 먹지 않는 아이는 함께 요리를 하면서 미리 맛보기로 아이의 입맛에 맞게 간을 해 주세요. 그렇게 차츰차츰 나물류에 길들여지게 하세요.

28 바르게 앉기

 의자에 바르게 앉아 있는 습관이 안 되어 다리를 꼬고 앉거나, 실내화를 벗고 아예 두 다리를 다 의자에 올려놓은 채 공부를 하는 친구들이 있어요. 다리를 꼬고 앉는 것은 건강뿐 아니라 다른 사람이 보기에도 좋지 않아요.

 공부 시간에 두 다리를 다 올려놓고 양반다리를 하고 앉아 수업을 받는 친구들도 있어요. 공부하는 자세가 잘 된 걸까요?

 마음가짐 못지 않게 몸의 자세도 참 중요해요. 또 급식실에서 두 다리를 척 올려놓고 밥을 먹는 친구들이 있어요. 보기에도 안 좋고, 예의도 없어 보입니다.

 엉덩이를 의자 깊숙이 집어넣고, 허리를 쭉 펴고 두 다리는 가지런히 놓고 앉는 습관을 길러 봐요.

 바르게 앉는 자세는 척추와 어깨의 피로를 덜어 주어요. 또한 바르게 앉으면 오랜 시간 집중할 수 있어 공부도 더 잘 된답니다. 한 시간 내내 바르게 앉는 게 어렵다면 단 10분이라도 집중하는 연습과 더불어 바르게 앉는 연습을 해 보아요.

허리는 쭉 펴고 두 다리는 가지런히 앉아야겠어.

엄마 아빠께!

초등학생 중 척추가 휘는 척추측만증 환자가 늘어 가고 있다고 해요. 바르지 않는 자세로 구부정하게 앉아 있으면 척추 건강을 해치기 쉽답니다.

학교에 들어가면 아이가 하루 대부분의 시간을 의자에서 보내야 하므로 초등학교에 입학한 1학년부터 바르게 앉는 자세에 익숙해지도록 학교와 가정에서 관심과 지도가 필요해요. 같은 자세로 한 시간 넘게 앉아 있으면 허리에 무리가 가기 때문에 쉬는 시간에는 가볍게 스트레칭으로 근육을 풀도록 지도해 주세요.

29

규칙을 알고 지키도록 노력하기

규칙은 약속과 비슷한 것이에요. 어떤 것을 어떤 식으로 하겠다고 미리 정해 놓는 것이며, 규칙을 잘 지키면 보상을 받기도 해요. 학교에선 수업 시간에 떠들지 않는다는 규칙이 있고, 집에서는 10시 전에 잠자리에 든다는 규칙이 있어요. 학교에 다녀와 숙제를 하는 것도 규칙, 손발을 씻는 것도 규칙이에요. 이러한 규칙은 반드시 공부와 관련된 것일 필요는 없어요. 집에 돌아오면 손 씻기, 동생과 놀아 주기, 숙제하고 난 후엔 영어 테이프 듣기 등도 규칙이랍니다.

학교는 여러 사람이 모여 공부하는 곳이므로 다함께 지켜야 할 약속이 필요해요. 이것이 바로 교칙입니다. 교칙은 전교생 모두가 지켜야 할 규칙이에요. 학교마다 약간 다르긴 하지만 주로 지각하지 않기, 복도에서 뛰지 않기, 욕 하지 않기, 급식실에서 떠들지 않기 등이 있답니다.

각 교실에서도 지켜야 할 규칙이 있어요. 예를 들어 소곤소곤 말하기, 큰 목소리로 발표하기, 아침 독서시간에 책 읽기, 숙제 잘 해 오기, 준비물 잘 챙겨 오기 등이 있어요. 그 규칙은 그 교실의 주인인 반 친구들과 선생님이 의논하여 정하면 더욱 좋겠지요?

규칙을 지키면 뭐가 좋지?

모든 아이가 규칙을 지키지 않는다고 상상해 봐. 어떤 일이 벌어질까?

엄마 아빠께!

규칙은 아이가 일상 속에서 반복해야 하는 일들 중에서 정하면 됩니다. 이때 명심해야 할 것은 아이의 주도성이 살아날 수 있도록 충분히 기다려 줘야 한다는 것이에요. 그러기 위해서는 규칙 이외의 것에는 간섭하지 않아야 하지요.

예를 들어, 숙제하기를 규칙으로 정했다면, 숙제를 언제 하든 간섭하지 말아야 해요. 또 숙제를 한다면 나머지 시간에 무엇을 하든 잔소리를 하지 말아야 해요. 부모는 큰 틀만 제시하고, 그 범위 안에서 아이가 자유롭게 시행착오를 겪을 기회를 줘야 해요. 중요한 것은 '무엇을 하느냐'이지 '언제 하느냐'가 아니니까요.

30 출석 번호, 키 번호 알기

　교실 자리는 어떻게 앉을까요? 자리 배정은 키 순서대로 정하는 게 보통입니다. 이때 남자는 남자대로, 여자는 여자대로 키 순서대로 선 다음 번호를 매겨요. 이것을 아이들은 키 번호라고 한답니다. 키 번호는 운동장에 나가서 체육을 할 때 또는 조회를 설 때 필요해요. 자신의 키 번호를 잘 기억했다 줄을 서세요.

　또 이것 말고 출석 번호라는 게 있어요. 이건 학교마다 조금 다를 수는 있지만 주로 가나다 순이나 생년월일로 정해요. 먼저 태어난 사람, 그러니까 생년월일이 빠른 사람이 앞번호가 되는 거예요. 이 번호는 출석을 부를 때 순서가 되기도 하고, 사물함 번호나 신발장 번호가 되기도 해요.

　대부분 학교는 남자 어린이부터 1번이 되고 남자 어린이가 끝나면 그 뒤로 여자 어린이가 번호를 이어받아요. 학교에 따라 여자 어린이가 1번이 되기도 해요.

　그러니까 키 번호와 출석 번호는 전혀 다른 거예요. 잘 기억해서 줄을 설 때는 키 번호대로, 각종 검사를 받을 때는 출석 번호대로 줄을 서세요.

엄마 아빠께!

뜻밖에 이 두 가지 번호를 헷갈리는 어린이가 많아요. 학교에서 제일 처음 받는 번호는 출석 번호로, 주로 가나다 순이나 생년월일에 따라 정한다는 것을 알아 두세요.

PART 4

언어 발달

말의 중요성에 대한 속담을 알아볼까요?
'말 한 마디에 천 냥 빚 갚는다.'
말을 잘 하느냐 못 하느냐에 따라
큰 이익을 볼 수도 큰 손해를 볼 수도 있다는 뜻이지요.
'가는 말이 고와야 오는 말이 곱다.'
말을 잘 하고 못 하느냐에 따라
사람과의 사이가 좋아질 수도, 나빠질 수도 있다는 뜻이지요.
장소, 상대방, 때에 따라 말을 적절하게 할 수 있는
능력을 기르는 것은 꼭 필요합니다.

31. 때와 장소에 맞게 언어 사용하기

올바른 언어 사용은 우리가 꼭 배워야 할 것이에요. 때와 장소에 따라 적절하게 언어를 사용하는 친구들을 보면 얼마나 기특하고 예쁜지요.

올바르게 언어를 사용하는 것은 그리 어렵지 않아요. 처음에는 어색하고 쑥스러울 수 있지만 자꾸 사용하다 보면 자연스럽게 몸에 배어 잘 사용할 수 있답니다.

특히 학교에서의 언어 사용은 집에서의 언어 사용과는 조금 다를 수 있어요. 만약 자신이 없다면 부모님 또는 친구들과 함께 아래와 같은 역할 놀이를 해 보아요.

◆ 선생님 역할	◆ 어린이 역할
이것 받으세요. ⇨	예, 감사합니다. 예, 고맙습니다.
○○야, 이리 와 보렴. ⇨	예, 선생님.
통신문 못 받은 어린이 있나요? ⇨	예, 선생님! 저 못 받았어요. 저도 한 장 주세요.
사탕을 하나씩 나눠 줄게요. ⇨	예, 고맙습니다. 잘 먹겠습니다.

◆ 선생님께 이야기할 때

연필 좀 빌려 주세요.

화장실에 가고 싶어요.

공책을 안 가져왔어요.

이것 좀 도와주세요.

엄마 아빠께!

부부 사이의 일상적인 대화도 아이의 언어 생활에 큰 영향을 미쳐요. 아이들이 학교에서 사용하는 언어를 보면 그 가정의 언어 생활을 고스란히 엿볼 수 있어요.

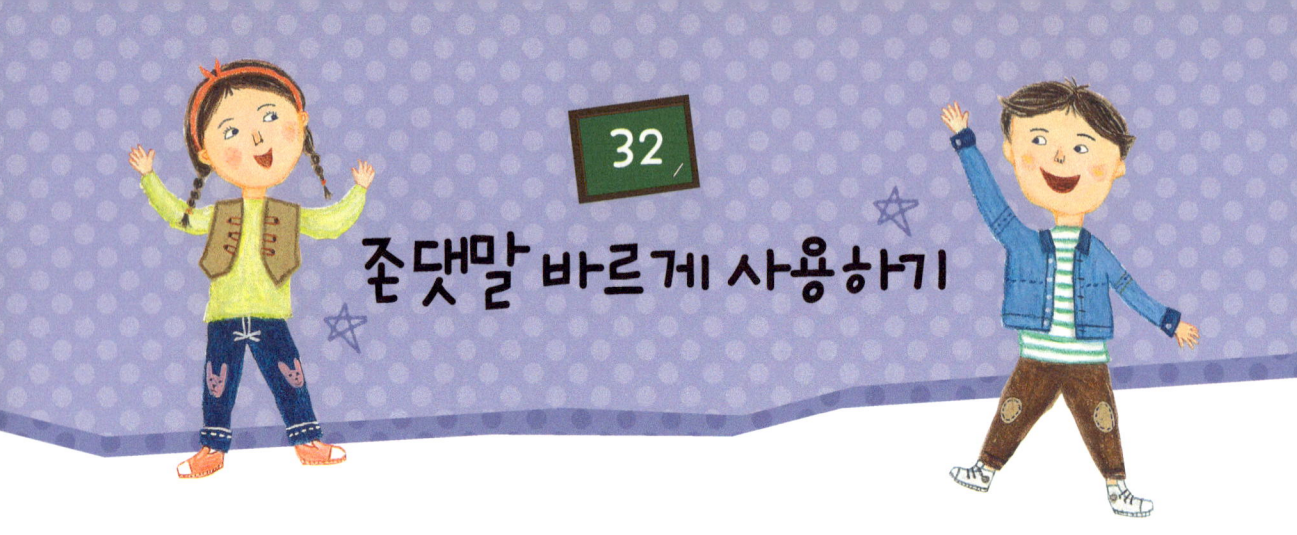

32 존댓말 바르게 사용하기

우리나라는 존댓말이 발달되어 있어요. 영어의 경우에는 어른들에게 말할 때 존댓말 사용을 거의 하지 않지만, 우리나라에서는 웃어른께는 반드시 존댓말을 사용해야 합니다.

집에서 존댓말을 거의 사용하지 않다가 학교에 오면 존댓말 사용에 대해 어려워하는 친구들이 있어요. 그래서 이렇게 엉뚱하게 말하는 경우도 있답니다. 어른께 "그랬어요" "그랬습니다" 하고 말할 것을 "그랬다요"라고 말하는 경우예요. '그랬다'에 존대를 나타내는 '요'를 붙여 말하는 것이지요. 이런 말은 잘못된 존댓말이니 얼른 고치도록 하세요. 또 "그랬슴다" 하고 축약해서 말하는 친구들도 있어요. 또 대답할 때 "예, 그렇습니다" 해야 할 것을 "당근이죠" 하고 대답하는 경우도 많은데, 이런 말은 사용하지 않는 게 좋아요. 상대방이 못 알아들을 수도 있고 바른 언어가 아니기 때문이에요.

존댓말은 하루아침에 되는 게 아니니까, 자꾸만 연습을 해야 해요. 집에서도 부모님께 꼭 존댓말을 쓰도록 하세요. 학교에서 선생님께 존댓말을 쓰듯이 집에서도 그렇게 하면 돼요. 처음에는 어색하고 쑥스럽겠지만, 자꾸 하다 보면 습관이 되어 자연스럽게 존댓말을 사용할 수 있어요

어른에게 물건을 받을 때는 두 손으로 공손히 받으며 '고맙습니다' 하고 인사해야 해.

예, 알겠습니다.

엄마 아빠께!

어렸을 때부터 부모에게 존댓말을 하는 아이들을 보면 신뢰감이 들어요. 예의바른 말투에 모든 행동이 듬직해 보이기도 하고요.
존댓말을 가르치는 건 그리 어려운 일이 아니니 당장 실천해 보세요.

33. 예쁜 말, 바른 말 사용하기

예쁜 말이라는 것은 무엇일까요? 사탕처럼 달콤하고 듣기 좋은 말을 뜻하는 것일까요? 그건 아니에요. 예쁜 말이라는 것은 어린이답게 순수하고 듣는 사람을 기분 좋게 하는 긍정적인 말을 뜻해요.

그렇다면 예쁜 말이 아닌 것을 찾아볼까요? 상스러운 욕, 남을 헐뜯거나 비웃는 말, 듣기에 기분 나쁜 말 등이에요. 요즘 인터넷 채팅 언어, 어느 나라 말인지 모를 이상한 말을 자랑스럽게 사용하는 어린이들이 많아요.

특히 어른들에게 말할 때는 요즘 유행하는 말은 사용하지 않는 게 좋아요. 너무 줄여서 쓴 말은 어른들도 이해하기 어려우니까요.

바른 말이란 어떤 말일까요? 우리나라 고유어를 바르게 쓰는 거예요. 우리말을 함부로 변형하여 쓴다거나, 적당한 우리말이 있는데도 마구잡이로 외국어를 섞어 쓰는 것은 별로 좋지 않아요.

될 수 있으면 예쁘고 바른 우리말을 잘 사용하세요. 우리말도 제대로 잘 사용하지 못하면서, 외국어를 유창하게 쓴다고 유식해 보이거나 멋져 보이는 건 절대 아니랍니다.

엄마 아빠께!

인터넷 시대입니다. 요즘 아이들은 학교 및 학급 홈페이지에도 들어가야 하니 인터넷을 사용하지 않을 수 없지요. 그런데 학급 홈페이지에 올린 글 또는 댓글을 보면 도대체 무슨 말인지 모를 말을 사용하는 어린이들이 많아요.

'유행이니까', '다른 아이들도 다 그러는데 뭐'라고 가볍게 생각하지 마시고, 바른 어순으로 맞춤법에 맞게 쓰도록 훈련을 시키세요.

34. 큰 소리로 대답하고 질문하기

"예"라고 짧게 대답할 때도 작은 목소리로 우물쭈물하는 친구들이 있어요.

큰 소리로 자신 있게 "예!" 하고 짧게 대답하는 연습을 많이 해 보아요. 큰 소리로 대답하면 무슨 일이든 자신감이 생겨요. 질문할 때도 마찬가지예요. 큰 목소리로 자신이 무엇을 알고 싶은지 정확하게 말하는 거예요.

"선생님! 색종이를 어떻게 접어요?"

"선생님! 받아쓰기 1번이 뭐죠?"

"선생님! 지금 화장실에 갔다 와도 될까요?"

만약 큰 목소리로 말하는 게 부끄럽고 쑥스럽다면 가면을 쓰고 말하는 연습을 해 보아요. 자꾸 연습을 하다 보면 상대방이 잘 알아들을 수 있을 만큼 목소리가 크게 나올 거예요.

큰 소리로 대답하고 질문을 하라고 하니까 무턱대고 소리를 지르듯 말하는 친구들도 있어요. 소리를 지르는 것과 큰 소리로 대답하고 또박또박 질문하는 것은 차이가 있어요. 반 친구들이 모두 들을 수 있을 만큼의 목소리 크기면 적당하답니다.

하고 싶은 말이 있을 때는 손을 들어야 해요?

손을 들고 바로 큰 소리로 말하는 것보다 자기 차례를 기다려 말하는 것이 좋겠어.

엄마 아빠께!

아이에게 꼭 필요한 상황을 추측하여 미리 말하는 연습을 해 두는 것도 좋아요.
"화장실에 다녀오겠습니다."
"선생님, 배가 아파요. 보건실에 다녀올게요."
"선생님, 잠깐 ○○에 다녀오겠습니다."
이 세 가지 말은 꼭 필요한 말이니, 씩씩하게 말하도록 합니다.

35. 아기 말투 버리기

응석을 부리는 듯한 아기 말투로 이야기하는 친구들이 있어요. 특히 어린 동생이 있는 친구들은 동생이 쓰는 말투를 흉내 내어 말하기를 좋아하지요.

학교에 입학했다는 건 '이제 아기가 아니다.'라는 확실한 증거인데도 말이에요.

여러분은 아기가 되어 아기 말투를 하고, 아기 행동을 하는 친구들을 보면 어떤 생각이 드나요? '와, 멋있다, 나도 따라하고 싶다.' 그런 생각이 드나요?

이제 초등학생이면 초등학생답게 점잖고 예쁘고 예의바른 말투를 배워야겠어요.

아직도 '화장실에 다녀오겠습니다.'라는 말을 '쉬 하고 오겠습니다.', '똥 누고 오겠습니다.'라고 말하는 친구들이 있어요. 이제 언니 오빠가 되었으니 품위 있는 말을 사용해야겠지요?

이제는 의젓한 초등학생이 되었으니 어리광 섞인 말투, 불분명한 발음, 징징거리는 말투는 그만!

왜 아기 말투를 쓰면 안 되는데여? 우리 엄마랑 할머니는 만날 나보고 '우리 아기, 우리 아기' 하는뎅.

엄마, 할머니 눈에는 아직 아기로 보이지만 이제 초등학교에 왔으니 아기가 아니에요. 그리고 안 되는데여, 하는뎅 등의 말은 아이들이 사용하는 유행어이기 때문에 못 알아들을 수도 있고, 듣기에도 안 좋아요.

엄마 아빠께!

아이의 말하기를 도와주고 싶다면 다음의 다섯 가지 원칙을 지켜 주세요.

첫째, 아이의 대변인이 되지 마세요. 아이가 대답을 잘 못한다고 또는 빨리 대답을 하지 못한다고 대답을 대신 해 주면 아이는 아무 말도 못하게 됩니다.

둘째, 토막토막 하는 말은 못 알아듣는 척하세요. 완벽한 문장으로 말할 때까지 옆에서 도와주세요.

셋째, 국어사전을 항상 옆에 두고 함께 찾아보아요. 정확한 단어 사용은 언어 능력의 기본이니까요. 국어사전을 찾는 게 습관이 되면 아이는 저절로 모르는 낱말이 나오면 찾아보게 됩니다.

넷째, 질문을 많이 하세요. 질문을 할 때는 '예, 아니오' 등의 짧은 대답이 나오지 않게 합니다. '그래서 그때 네 느낌은 어땠니?' 등 아이가 말할 수 있는 여지를 충분히 주세요. 표현력과 상상력을 길러 주는 데 도움이 됩니다.

다섯째, 말을 자르지 말고 끝까지 들어 주세요. 부모가 시간에 쫓겨 또는 그 다음에 해야 할 다음 일을 생각하며 자꾸만 재촉하면 말하기에 부담이 커져 결국 아이는 입을 닫게 됩니다.

36. 중간에 얼버무리지 않고 끝까지 말하기

말은 저절로 배우는 것이 아니에요. 달리기를 잘하기 위해서 연습을 해야 하듯이 말하기도 체계적인 연습이 필요해요. 무조건 외워서 말하거나, 책 읽듯 말하는 것은 진짜 말하기가 아니에요. 또 말을 잘 하는 것은 말을 많이 하거나 재미있게 하는 것이 아니에요.

무슨 얘긴지 계속 우물거리며 말하는 친구들이 있어요. 처음에는 큰 소리로 말하다가 뒤로 갈수록 자꾸 목소리가 작아지고 얼버무리는 거예요. 끝까지 듣긴 들었지만 무슨 얘기를 하는 건지 모르겠다면 말하는 사람이 말을 잘 못해서입니다. 처음 시작할 때의 목소리와 똑같이, 크고 분명한 목소리로 끝맺음을 잘 하면 듣는 사람이 잘 이해를 할 수 있어요.

끝까지 말하기 어렵다면 짧은 문장을 써 놓고 연습을 해 보아요.

"저는 어제 엄마와 함께 마트에 갔습니다."

이렇게 써 놓고 끝까지 말하는 연습을 해 보아요. 그 말이 잘 되면 이번에는 조금 긴 문장을 만들어 말하는 연습을 해 보아요.

"저는 어제 엄마와 함께 마트에 가서 우유를 샀습니다."

"저는 어제 엄마와 함께 ○○마트에 가서 흰 우유를 샀습니다." 이렇게 말이에요.

저는 어제
엄마와 함께
마트에 갔습니다.

엄마 아빠께!

말하기의 궁극적인 목적은 '의사 소통'과 '관계 만들기'입니다.
'발표를 많이 해야 해.', '네 생각을 말할 줄 알아야 해. 그러니까 어서 말해 봐.' 이런 식으로 독촉을 하면 아이는 심한 부담감을 느낍니다. 자신의 의사를 상대방에게 전달했을 때와 전달하지 않았을 때, 잘못 전달했을 때 어떤 일이 벌어질지를 예측해 보게 하면서 말하기의 중요성을 깨닫게 하는 것이 가장 중요합니다.

37. 다른 사람의 말을 귀담아 듣고 대답하기

여기에서 가장 중요한 것은 '선생님 말씀에 귀 기울이기'와 '친구들 말에 귀 기울이기'입니다.

대부분의 아이들은 관심이 있거나 자신이 있는 것, 재미가 있는 수업에는 집중을 잘 하지만 관심이 없는 일에는 거의 집중하지 못해요. 하지만 이 세상을 살면서 어떻게 자기가 좋아하는 과목, 자기가 자신 있는 과목만 공부하면서 살겠어요?

선생님이나 친구들이 말할 때 중간에 끼어들어 말을 자르는 것은 좋지 않은 습관이에요. 조금 지루해도 끝까지 듣고, 그에 대한 질문이나 궁금한 것을 물어보아요.

묻는 사람이 요구하는 내용에 적당한 대답을 하려면 말의 요점을 잘 파악해야 해요. 질문의 요점을 잘 파악해 정확한 대답을 하려면 먼저 귀를 활짝 여세요.

말하는 것보다 듣는 것을 잘해야 학습 효과도 좋아지고, 친구 관계도 좋아진답니다. 사람들은 자기 말을 진지하게 잘 들어 주는 사람을 좋아하고 믿고 따르니까요.

엄마 아빠께!

상대방의 말을 잘 듣지 않는다면 '말 이어하기' 놀이를 해 보세요. 말을 계속 이어서 하여 눈덩이처럼 불어난다고 해서 '눈덩이 게임'이라고도 하지요. 이 게임에서 이기려면 상대방의 말을 집중해서 들어야 해요.

엄마: 시장에 갔어요.
아이: 시장에 갔어요. 시장 골목에서 호떡을 사 먹었어요.
엄마: 시장에 갔어요. 시장 골목에서 호떡을 사 먹었어요. 주인 아주머니가 덤으로 한 개를 더 주었어요.

38. 예의 바르게 대답하기

"다음부터는 지각하지 말아요." 하고 선생님이 말했는데 얼굴을 똑바로 바라보지도 않은 채 "예." 하고 건성으로 대답한다면? 말한 사람의 기분을 상하게 하는 행동이 될 수 있어요. "예, 알겠습니다." "예, 그렇게 할게요." "예, 앞으로 조심하겠습니다." 하고 대답하세요.

대답을 할 때는 상대방의 얼굴을 마주보고 해야 해요. 시선은 딴 데 두고 건성으로 대답하면 자신의 대답에 책임을 지지 않겠다는 의사 표시로 보일 수도 있어요. 또 예의 없는 행동이기도 하고요.

"알았다니까요." "그렇게 한다니까요." "조심하면 되잖아요." 하고 버릇없이 대답하는 것도 좋지 않아요.

대답은 예의 바르게 잘 하면서 행동으로 전혀 실천하지 않는 친구도 있어요. '예'라는 대답은 짧지만 자신의 행동에 100% 책임을 지겠다는 뜻이 담겨있는 아주 중요한 말입니다. 예의 바르게 대답하는 것은 어른에게만 해당하는 것이 아니에요. 친구들 사이에서도 예의 바르게 대답하는 습관을 길러야 해요. 친구라고 해서, 동생이라고 해서 성의 없이 대답을 하거나, 짜증스럽게 대꾸할 때 믿음도 우정도 깨지게 됩니다.

엄마 아빠께!

Yes인지 No인지 자신의 뜻을 정확하게 밝히는 교육이 필요합니다. 예전에는 어른들의 말씀에 무조건 '예' 하며 순종하는 것이 미덕이었지만 지금 시대는 좀 다르지요. '예'와 '아니오'라고 대답한 것에 대한 확실한 이유 및 근거를 말하는 것도 필요합니다.

39. 자기소개하기

　사람들이 처음 만날 때 하는 것이 무엇일까요? 바로 자기를 소개하는 활동입니다. 이런 활동은 학교에서의 정규 수업 외에 방과 후 수업, 또 학원에서의 수업 시간에도 이루어집니다. 길게 소개할 필요는 없지만, 자신을 똑바로 소개하는 것은 반드시 필요하지요.

　자신의 이름만 겨우 대는 아이, 쭈뼛쭈뼛하면서 말 한마디도 못하는 아이. 그런 아이가 되고 싶진 않겠지요? 이제 자기소개쯤은 멋지게 하는 어린이가 되어 봐요.

　'내 이름은 ○○○입니다. 어디에 살고 있고, 좋아하는 것은 무엇이며 싫어하는 것은 무엇입니다. 잘하는 것은 무엇이고, 앞으로 어떻게 공부하고 싶습니다. 또 내 꿈은 무엇입니다.' 이 정도는 말해야 하겠지요?

　자기가 하고 싶은 말이 있다면 첨가해서 자기소개서를 작성해 보세요. 예를 들어 자기가 키우고 있는 반려동물이나 요즘 관심 있는 가수나 배우 등에 관해서 이야기해도 좋아요. 그러나 한 가지 꼭 명심할 것은 이 소개의 주인공은 바로 나라는 것입니다.

나를 소개할 때는 큰 목소리로, 씩씩한 얼굴로, 친근한 표정으로 말하는 게 중요해.

재미있게 소개하면 아이들이 너를 두고두고 기억할걸!

엄마 아빠께!

가족회의 시간을 통해 의견을 나누는 시간을 많이 가지세요. 말하는 것도 연습입니다. 연습을 거친 아이들은 수업 시간에도 적극적으로 말하기 활동에 참여하지요.

PART 5
학습 준비

1학년의 학습은 기초적이고 기본적인 것들로 이루어져 있어요.
무엇이든지 기초와 기본이 중요한 것이니
서두르지 말고 차근차근 해 나갑니다.
많은 내용을 배우는 데 욕심을 내지 말고,
지금 꼭 알아 두어야 할 기본적인 자세와 태도, 방법 등을
충실히 익히는 게 중요해요.
예습보다는 복습이 중요하고,
학습에 진지하게 참여하는 마음가짐이 중요합니다.

교과서 정리하는 법 알기

3월 한 달 동안은 다양한 활동을 해요. 본격적인 1학년 교과서로 하는 공부는 4월부터 시작이 되지요.

교과서에도 짝이 있다는 것을 아시나요? 예를 들어 수학과 수학 익힘책은 단짝 같은 친구 관계예요. 그렇다고 두 책을 묶어서 갖고 다니면 불편할 때가 종종 있어요. 대부분의 수업 시간에 두 책 모두 필요하지만, 때로는 하나의 책만 필요할 때가 있어요. 그러므로 짝이라고 해서 책을 한 권으로 묶는 것은 안 하는 게 좋겠어요.

등교하면 가장 먼저 무엇을 해야 할까요? 네, 그래요. 교과서 정리를 해야겠지요. 책가방에서 책을 꺼내 책상 서랍에 넣어 놓는 것이지요. 이럴 때 그날의 시간표에 따라 공부하는 순서대로 책을 놓으면 좋아요. 1교시에 배울 책을 맨 위에, 그 다음 시간 책을 그 아래, 이런 식으로 정리해 놓으면 공부 시간마다 필요한 책을 꺼내기가 쉬워요. 수업이 끝난 책은 맨 아래에 놓으면 나중에 책가방을 쌀 때도 편리하답니다.

사물함에 책을 다 놓고 다닌다면 아침에 학교에 오자마자 그날 시간표에 따라 필요한 책을 꺼내어 서랍 속에 정리해 놓는 것이 좋습니다.

쓰고 난 물건들은 왜 사물함에 잘 정리해야 하죠?

사물함에 물건들이 뒤죽박죽 놓여 있으면 필요한 것을 제때에 찾지 못한답니다.

엄마 아빠께!

공책은 미리 사지 않는 게 좋아요. 학교마다, 담임 선생님마다 쓰는 공책이 다를 수 있으니까요. 공책은 8칸, 10칸, 11칸 등 다양하게 있어요. 일단 입학하고 나서 담임 선생님의 지시가 있을 때까지 기다리세요.

41 학용품 사용법 알기

연필 잡는 법

세 살 버릇이 여든 간다는 말, 알고 있지요. 그렇듯이 한번 잘못 들인 습관은 굳어 버려서 고치기가 어려워요. 연필 쥐는 법도 마찬가지예요. 잘못 배우면 나중에 고치기도 힘들고, 글씨 쓰기가 힘들어져요.

연필 잡는 기본 자세부터 정확하게 배우는 게 좋아요. **연필은 엄지와 검지, 중지 세 손가락을 이용해 잡아요.** 약지와 새끼손가락은 균형을 잡는 데 사용해요.

◆ 연필 바르게 사용하기

- 심의 끝에서 3cm 정도 되는 부분을 쥐고 씁니다.
- 연필과 평면을 이루는 각도는 60도~70도 정도가 적당합니다.
- 왼손의 손바닥은 책상 바닥에 밀착시켜 자세를 바르게 지탱합니다.
- 연필은 엄지손가락, 집게손가락, 가운뎃손가락으로 잡습니다.
- 연필을 가끔 돌리면서 써야 손가락이 아프지 않습니다.
- 몸의 힘을 빼고 편안한 자세로 글을 씁니다.

저는 얼른 생일선물로 받은 샤프펜슬 쓰고 싶은데…….

손가락에 힘이 완전히 생겨 자신만의 글씨체가 생기기 전까진 꼭 연필을 사용하세요!

엄마 아빠께!

연필은 너무 진하거나 흐리지 않은 것으로 준비하는 게 좋아요. 손에 힘이 없는 저학년 아이들에게 심이 단단한 연필은 힘을 많이 들여야 하니 좋지 않습니다. 또 너무 무른 심은 쉽게 부러져 학습에 지장을 줄 수 있어요.
아직 연필 잡는 법, 글씨 쓰는 법이 서투른 아이에게 샤프펜슬을 사용하게 하는 건 바른 글씨체 형성에 도움이 되지 않아요.

크레파스 사용법

예전에는 수업 때 거의 크레파스를 사용했지만 지금은 수채화 물감도 많이 사용해요. 하지만 그래도 여전히 크레파스를 많이 사용해요.

그런데 의외로 크레파스 사용법을 잘 모르거나 기본적인 능력이 부족해 쩔쩔매는 친구들이 많아요. 선을 그을 때는 크레파스를 연필처럼 쥐어요. 넓은 면을 칠할 때는 크레파스를 손바닥으로 감싸는 게 좋아요. 크레파스의 끝부분을 잡고 칠하면 부러질 염려가 많아요. 또 잡을 때 지나치게 힘을 주어도 부러지기 쉬워요. 색칠을 할 때는 도화지 밑에 신문지 등을 깔면 좋겠죠?

자, 그럼 지금부터 연습을 해 볼까요? 처음에는 가로로(왼쪽에서 오른쪽으로) 선을 그려 보아요. 똑바로 끊어지지 않게 잘 그릴 수 있다면 이번에는 세로로(위에서 아래로) 선을 그려 보아요. 잘 되었나요? 그렇다면 이번에는 자기 마음대로 곡선을 그려 보아요. 구불구불 마음 가는 대로 손 가는 대로 그립니다.

잘 되었다면 이번에는 색칠하기입니다. 테두리를 벗어나지 않게 색칠을 해 보아요. 색칠하기 연습은 집중력과 손 조작 능력을 길러 줍니다.

◆ 크레파스를 손에 쥐고 선을 따라 그려 보세요.

가로로 긋기 　　　 세로로 긋기 　　　 마음대로 곡선 그리기

저는 크레파스가 자꾸 부러져요.

손에 힘을 빼고 살살 칠해 보세요.

엄마 아빠께!

크레파스, 물감 등의 미술 관련 준비물은 따로 상자나 바구니를 마련해 주세요. 필요한 것을 한꺼번에 챙길 수 있어 좋아요.

가위 사용법

1학년 수업 시간에는 가위를 정말 많이 사용해요. 오리고 자르고 붙이는 공부가 많이 있으니까요. 손 조작 능력은 두뇌 발달과 깊은 관련이 있다는 것 아시죠? 가위질을 잘하면 공부하는 데 많은 도움이 될 수도 있다는 얘기예요.

가위는 날이 너무 날카롭지 않은 것으로 준비해요. 자칫 잘못하면 가위 날에 다쳐 수업을 망치는 경우도 있거든요.

수업을 하다 보면 동그라미 모양, 네모 모양, 세모 모양 등을 제대로 오려 내지 못해 자신감을 잃은 채 수업에 소극적으로 참여하는 친구들이 간혹 있어요.

그런 친구들은 광고지에 나오는 사람이나 상품의 모양을 테두리에 맞춰 오리는 연습을 해 보아요. 자기가 좋아하는 물건이나 음식을 오리는 것도 재미있을 거예요. 이때 선을 벗어나지 않도록 노력해 보아요.

이 활동이 잘 되면 이번에는 종이에 난 선을 따라 가위로 잘라 보는 연습을 해 보아요. 한 손으로 종이를 꼭 잡고 다른 손으로 선을 따라 천천히 자르면 됩니다.

참! 다른 사람에게 가위를 줄 때는 어떻게 해야 하는지 알고 있죠? 자칫 가위의 뾰족한 부분을 내밀었다가 다치는 경우도 종종 있으니 꼭 손잡이 쪽으로 주는 것 잊지 마세요.

광고지 오리는 연습을 해 보자.

다른 사람에게 가위를 줄 때는 손잡이 쪽으로 내밀어야 해.

엄마 아빠께!

왼손잡이인데 오른손잡이용 가위를 가져와 쩔쩔매는 아이를 보았어요. 요즘엔 왼손잡이를 위한 가위도 판매하고 있으니 내 아이에 맞는 가위를 준비해 주세요.

PART 5 | 학습 준비 · 105

자 사용법

1학년 학습은 그리고, 자르고, 붙이는 것이 많아요. 이때 자를 이용해서 그리는 경우도 있어요. 자는 선과 선을 그을 때, 모양을 그릴 때 필요해요. 자는 필통 속에 쏙 들어가는 작은 것(10cm 자 또는 15cm 자)이 좋아요. 시중에 30cm 자가 많은데, 이 자는 학년이 올라갔을 때 필요하니 그때 준비해도 돼요. 각종 모양을 그리는 수업이 많으니 자의 몸통 안에 기본 동그라미, 세모, 네모 모양 등이 들어가 있는 모양자를 준비하면 좋겠네요.

◆ 점과 점을 연결하는 선 긋기 - 왼쪽 그림을 보고 똑같이 그려 보세요.

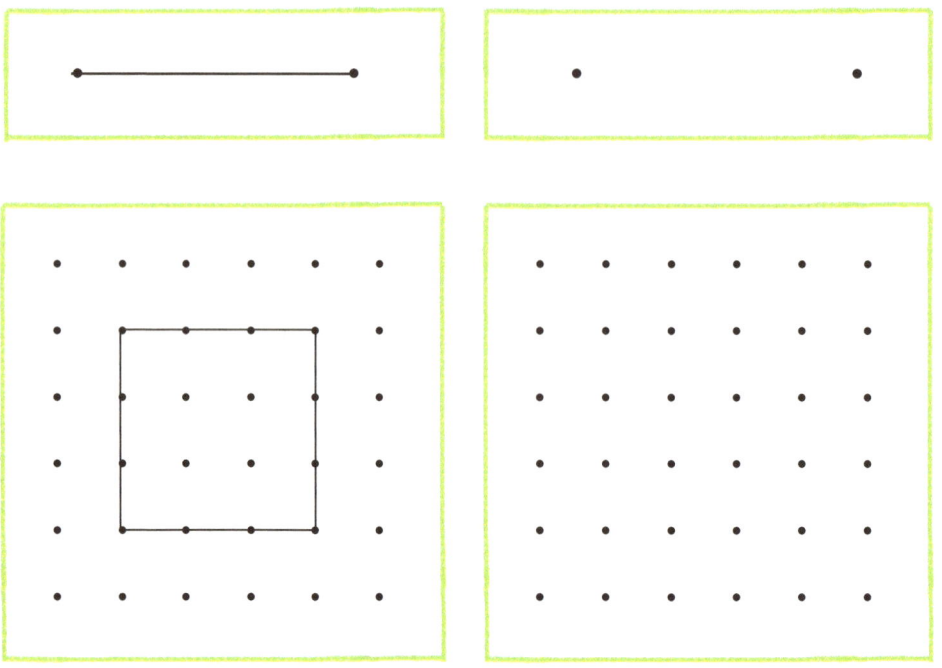

어, 자를 대고 똑바로 그리기도 어렵네요.

자를 이용해 여러 가지 모양을 만들어 보는 연습을 해 봐요. 삼각형, 사각형, 오각형 등의 모양을 만들어 보는 것도 좋은 연습이 돼요.

엄마 아빠께!

대개 손 조작 능력이 뛰어난 아이들이 친구들에게 인기가 높아요. 손 조작 능력이 떨어져 자신이 만든 것들이 미흡하면 성취도가 낮아 자신감을 잃게 되어요. 그러므로 손 조작 능력을 키워 주는 것은 매우 중요하답니다.

손 조작 능력을 키워 주는 활동으로는 '모양자로 모양 그리기, 풀칠하기, 가위질하기, 종이접기, 색연필로 글씨 쓰기, 스티커 떼었다 붙이기' 등이 있어요. 아이가 이런 활동을 재미없어 하면 보드게임이나 오목놀이, 공기놀이 등 손 조작 능력을 기를 수 있는 게임을 활용해도 좋아요.

풀 사용법

요즘은 예전처럼 거의 액체에 가까운 풀이 아니고 딱풀이라고 해서 좀 딱딱하고 손에 묻지 않는, 거의 고체 같은 느낌의 풀을 사용해요.

이때 중요한 것은 뚜껑을 잘 닫는 거예요. 풀을 사용하고 나서, 뚜껑을 잃어버리는 친구들이 많아요. 뚜껑을 못 찾고 오래 놔 두면 윗부분부터 마르기 시작해서 결국 그 풀은 사용할 수 없게 됩니다.

또 내 뚜껑이다, 네 뚜껑이다 하면서 아이들끼리 다투는 경우도 종종 생겨요. 풀의 몸체뿐 아니라 뚜껑에도 이름표를 붙이면 잃어버려도 잘 찾을 수 있겠죠?

◆ 풀 사용하는 순서

① 풀 뚜껑을 열어 한쪽에 잘 둡니다.

② 다른 곳에 묻지 않게 조심조심 칠합니다.

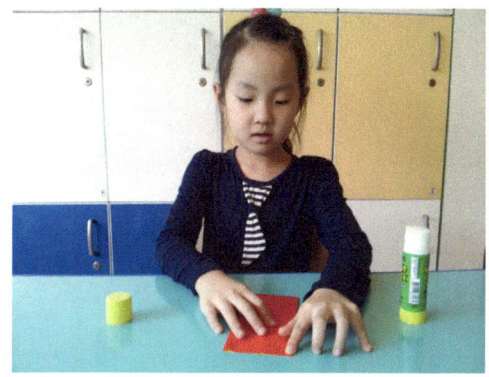

③ 원하는 곳에 붙입니다.

④ 다 쓰고 난 후에는 뚜껑을 꼭 닫습니다.

엄마 아빠께!

직육면체의 작은 상자(과자갑, 화장품갑), 페트병, 각종 캔 용기 등은 〈슬기로운 생활〉, 〈즐거운 생활〉 시간에 많이 쓰이니 평소 모아 두세요.

42 공부 습관 기르기

공부를 잘하고 싶은 욕심은 누구나 가지고 있어요. 하지만 욕심만 갖고 있다고 해서 누구나 잘할 수 있지는 않아요.

공부를 잘하고 싶다면, 우선 공부는 누구를 위해 하는 것인지 곰곰이 생각해 보아요. 부모님이 하라고 하니까, 선생님에게 꾸중 들을까 봐 어쩔 수 없이 공부하나요? 이런 공부는 '내 공부'가 아닙니다. '내 공부'는 내가 스스로, 배우고자 하는 열정을 가지고, 즐겁게 하는 공부를 말해요.

그렇다면, 공부를 잘하기 위해서는 어떻게 해야 할까요? 그거, 생각보다 어렵지 않아요!

첫째, 수업 시간에 눈 크게 뜨고 귀 활짝 열고 선생님 말씀에 귀 기울이기

둘째, 모르는 것이 있으면 그냥 지나치지 말고 꼭 질문하기

셋째, 그날 배운 것은 그날그날 복습하기

이게 바로 공부 습관이에요. 부모님 또는 선생님이 하라고 해서 하는 공부가 아니고, 나 스스로 계획을 세워서 하는 공부(자기주도 학습)는 앞으로도 오랫동안 재미있게 할 수 있답니다.

선생님을 똑바로 바라보는 것도 좋은 공부 습관이에요!

선생님을 똑바로 바라보면 집중도 더 잘될 것 같아요.

엄마 아빠께!

공부 습관을 길러 주기 위해서는 공부 환경이 아주 중요해요. 잠깐이라도 공부에 집중할 수 있도록 환경을 조성해 주세요. 잘 정돈된 책상과 책꽂이, 안정된 분위기 등 말이에요. 아이의 신경을 어지럽힐 수 있는 휴대폰이나 텔레비전, 컴퓨터 등의 필요성, 위치도 잘 생각해 보세요.

43 정리 습관 기르기

책걸상이 어지러이 놓여 있는 교실과 책걸상이 가지런히 놓여 있는 교실. 어떤 교실에서 공부하면 공부가 더 잘 될까요? 물론 깨끗이 정돈된 교실이겠지요?

공부를 잘하는 친구들은 무엇을 어떻게 공부해야 할지 순서를 정하고 주변 정리를 깨끗이 해요. 그러면 집중이 잘 되거든요.

반대로 주변이 어수선하고 정리가 안 되어 있는 친구들은 공부에서도 마찬가지예요. 집중력이 떨어지고 무엇을 공부해야 할지, 어떻게 공부해야 할지 잘 모른답니다.

정리는 스스로 해야 해요. 누군가가 해 주기를 바라거나, 해 주는 것이 당연하다고 여기면 끝끝내 정리 습관을 기르지 못하여 어른이 될 때까지 어수선하게 살게 될 거예요.

그렇다면 정리 습관 기르기, 어려울까요? 천만에요. 정리하는 습관은 하루에 적은 시간을 들이고도 기를 수 있어요.

그러기 위해서 우선 입학하기 전에 스스로 할 수 있는 일을 알아보고 실천해 보아요.

◆ 책상 위 정리하기

　책은 책꽂이에, 지금 필요하지 않은 학용품은 서랍 속에 보관합니다. 미니 빗자루를 미리 준비하여 책상 위 지우개 가루와 책상 주위의 휴지를 쓸어 보는 연습을 하세요.

◆ 책상 속 정리하기

　여러 가지 종류의 학용품을 종류대로 모아 정리해 보세요. 만약 학용품과 소지품 등이 서로 뒤얽혀 정리하기가 어렵다면 작고 길쭉한 상자를 이용해 보세요. 책상 속에 상자를 넣고 학용품을 그 속에 넣어 정리하면 깔끔해진답니다.

◆ 준비물 정리하기

　학교에서 공부할 때는 다양한 준비물이 필요해요. 이때 책상 속에는 들어가지 않는 부피가 큰 준비물(탱탱볼, 줄넘기, 페트병, 음료수병, 작은 상자 등)은 뚜껑이 달린 수납 상자에 넣어 정리합니다.

엄마 아빠께!

입학하기 전에 집에서 정리·정돈하는 습관을 길러 주세요. 물론 처음에는 부모님의 마음에 안 들 수도 있어요. 그렇지만 부모가 정리하는 방법을 가르쳐 주고, 시간을 갖고 기다려 준다면 곧 깔끔하게 정리를 잘할 수 있을 거예요.

꼭 하나 알아둘 것은 정리를 지시할 때 모호한 말은 사용하지 마세요. 아이들이 충분히 알아들을 수 있게 구체적으로 지시하는 것이 좋습니다. 예를 들어, "방바닥에 놓인 일기장을 책가방 속에 넣으렴.", "소파에 벗어 놓은 윗옷을 네 방 옷걸이에 걸고 오렴." 이렇게 말이에요.

44. 독서록 잘 쓰는 방법 알기

　책 읽기가 중요하다는 것을 모르는 친구는 아마도 없을 거예요. 우리 친구들이 할 수 있는 경험은 두 가지가 있어요. 하나는 직접 해 보는 직접 경험이고요. 또 하나는 직접 해 보지는 못하고 다른 경로(책, 영화, 텔레비전, 다른 사람의 이야기 듣기 등)를 통해 경험하는 간접 경험이에요. 모든 것을 직접 경험해 볼 수는 없으므로 우리는 간접 경험을 할 수밖에 없는데, 이때 가장 효과적인 것이 책 읽기예요.

　그런데 책 읽기는 좋은데 읽고 나서 뭘 쓰라고 하면 힘들어하고 겁내는 친구들이 참 많아요. 그런데 독서록 쓰기, 그렇게 어렵지 않아요. **책을 읽고 나면 책 제목이 무엇인지, 누가 지었는지, 어떤 출판사에서 나온 것인지 주의 깊게 보세요. 그다음에는 주인공의 이름이 무엇인지, 어떤 내용의 이야기인지 써 보는 거예요.** 책을 읽고 난 후, 빨리 써야 기억이 생생해서 잘 쓸 수 있다는 점을 기억하세요.

　그다음에는 책을 읽고 난 후 떠오른 생각, 느낌을 써요. 짧게 써도 괜찮아요. 하지만 "참 재미있었다."라고 쓰는 것은 별로 좋지 않아요. 한 번 이렇게 쓰면 다음에도 또 이렇게 쓰게 되어요. 다른 생각이 떠오르지 않으니까요.

◆ 독후감 쓰는 차례

1. 책 제목	2. 글쓴이
3. 읽은 날짜	4. 나오는 사람
5. 간단한 줄거리	6. 느낀 점 또는 깨달은 점

위와 같이 쓰는 게 어렵다면 그림을 그려도 좋아요. 독후화라고 하는데 책을 읽고 난 후 가장 인상 깊었던 장면을 그리면 돼요. 그 외에도 주인공에게 편지 쓰기, 책 표지 따라 그리기 등 여러 가지 방법이 있답니다.

엄마 아빠께!

책을 읽고 난 후의 활동은 자유롭게 창의적으로 하게 해 주세요. 학교에 입학하자마자 '독서록' 공책을 사 주는 부모님들이 있어요. 그 공책을 채우는 일은 1학년 아이들에겐 너무 어렵고 힘들어요. '책을 읽으면 그 하얀 공간을 가득 채워야 하는 거구나!' 하고 아이들은 거부감과 부담감을 느끼게 됩니다.
A4 종이를 주어 마음대로 쓰고 그리게 해 보세요. 아이가 쓰고 그린 종이는 날짜별로 차곡차곡 묶어 놓으면 좋겠어요.

45 일기 잘 쓰는 방법 알기

일기는 하루 동안 일어났던 일 중에서 가장 기억에 남는 일, 인상 깊었던 일을 쓰는 것을 말해요. 하루하루 일기를 쓴다는 것은 나의 역사를 기록하는 일이지요. 그런데 그런 나의 역사 기록을 하찮게 여기는 친구들이 많지요. 아침부터 저녁까지 나에게 일어난 일이 얼마나 많은가요? 그런데 일기를 쓰려고 하면 하나도 생각이 나지 않는다면 그건 자신에게 그만큼 관심이 없다는 말이나 마찬가지예요.

글쓰기가 어려운 친구들에게는 일기를 쓰는 게 숙제처럼 느껴질 수도 있어요. 그런데 이왕 할 숙제, 재미있게 하면 좋겠지요? 자, 지금부터 일기 쓰기 쉽게 하는 법을 알아볼까요?

일기를 꼭 저녁에 써야 한다는 생각은 버리세요. 물론 하루 일을 정리하면서 저녁에 쓰면 좋기는 하지만요. 아침에 겪은 인상 깊은 일을 점심때쯤 써도 괜찮아요. 점심때 있었던 일을 학교 끝나고 집에 가자마자 써도 괜찮아요.

일기장 겉장에 그냥 '일기장'이라고 쓰면 얼마나 심심하고 재미없을까요? 자신만의 일기장 제목을 정하는 거예요. "○○이의 멋진 1학년 생활", "○○의 이야기" 이렇게 말이에요.

◆ 일기 쓸 때 주의할 점

1. '오늘은'이라는 말은 자주 쓰지 않는 게 좋아요. 일기란 어제의 일이 아니고 오늘의 일이니까 오늘이라는 말을 쓰지 않는 게 좋아요. 꼭 '오늘'이라는 말이 들어가야 할 때는 물론 써야 하겠죠?

2. '나는'이라는 말도 주의해서 쓰세요. 어떤 친구들은 처음부터 끝까지 '나는 학교에 갔다. 나는 수학 시간에 100점을 받아 기분이 좋았다.' 이렇게 쓰는데, 내가 쓰는 일기에 굳이 '나는'을 계속 쓸 필요는 없지요.

3. '하루 일을 나열하는 것'도 피하세요. 아침에 뭐 하고, 점심에는 뭐 하고, 저녁에는 뭐 하고 이런 식으로 쓰는 것 말이에요. 하루 일 중에서 가장 인상 깊었던 일 한 가지를 정해 제목을 정하고, 그 일에 대해 자세히 표현하는 것이 좋아요. 예를 들어 제목을 '짝꿍'이라고 했다면 내 짝꿍은 어떤 아이인지, 어떤 장점이 있는지, 고칠 점이 있다면 뭐가 있는지, 어떤 매력이 있는지, 다른 아이들과 다른 점이 있다면 무엇인지, 짝꿍에 대한 내 생각 등을 자세히 쓰는 게 좋겠지요?

엄마 아빠께!

일기 쓸 거리가 없다고 하는 아이들이 많아요. 그럴 때는 이야기를 나누면서 글감을 찾아 주세요. "오늘 마트 가서 네가 갖고 싶어 하는 장난감 샀잖아. 그러니까 그거 일기에 쓰면 되겠네." 이렇게 지시하기보다는 "오늘 가장 기분 좋은 일은 뭐였지?", "갖고 싶은 장난감을 가져서 기분 좋았다고?", "그 장난감은 왜 갖고 싶었던 거지?", "어떻게 그 장난감을 갖게 되었지?" 등 아이와 긴 대화를 이어 가는 겁니다. 그런 다음 그 과정을 일기에 쓰게 하는 거예요. 대화를 나누면서 아이는 생각을 정리하는 시간을 갖게 됩니다.

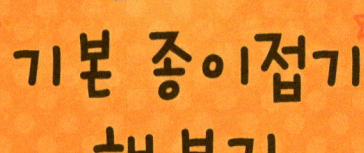

46. 기본 종이접기 해 보기

종이접기는 집중력과 손 조작 능력을 길러 주고 두뇌를 개발시켜 주어, 초등학교 전 학년에 걸쳐 자주 하는 활동이에요.

1학년 때는 색종이를 접어 간단한 물체를 만들어요. 이때 가장 중요한 것이 반으로 접는 거예요.

그런데 이렇게 반으로 접는 것조차 잘하지 못해 쩔쩔매는 친구들이 있어요. 그래서 선생님이 잘못하는 친구들을 위해 색종이를 반으로 접어 주다 보면 시간을 많이 뺏기게 되지요. 이런 가장 기본적인 '반으로 접기'는 집에서도 충분히 할 수 있는 것이니 연습해 오면 좋겠어요. 반으로 접을 때는 선에 맞춰 똑바로 접는 게 중요해요.

그것이 잘되면 삼각 접기, 방석 접기에도 도전해 보아요. 색종이의 모서리를 정확히 맞춰 접는 게 중요해요. 모서리를 맞추어서 접지 않으면 원했던 모양이 잘 안 나와요. 이 외 대문·아이스크림·삼각 주머니 접기 등을 미리 익혀 오면 좋아요.

다른 건 다 잘 못해도 기본 종이접기만이라도 꼭 연습해 보아요. 기본 종이접기 5가지가 되면 어떤 모양이든지 척척 접을 수 있어요.

접은 자리는 손톱으로
꼭꼭 눌러서 선이 나타나게
해야 그다음에 접을 때
좋아요.

서두르지 말고
찬찬히 꼼꼼하게
접는 게 중요해요.

엄마 아빠께!

종이를 반으로 접는 게 무슨 문제냐고 생각하시나요? 의외로 종이를 반으로 접는 것을 어려워하는 아이들이 많아요. 두 귀퉁이를 맞춰 반으로 잘 접으면 다른 복잡한 것은 걱정하지 않으셔도 됩니다.

1. 반으로 접기(네모 접기)

가장 기본이 되는 접기 방법이에요. 네모로 반듯하게 반으로 접으면 되어요.

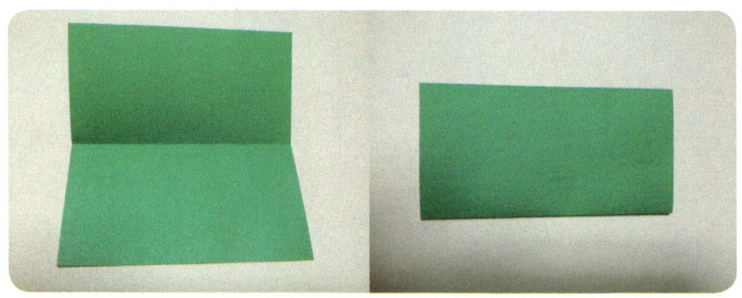

2. 삼각 접기(세모 접기)

반으로 접는 건 똑같지만 네모 접기와 다르게 모든 꼭짓점들을 맞춰 접어야 해요.

3. 대문 접기

네모 접기로 색종이를 반으로 접은 후, 다시 네모 접기를 또 해요. 펼쳐 보면 긴 네모가 네 개 있지요?

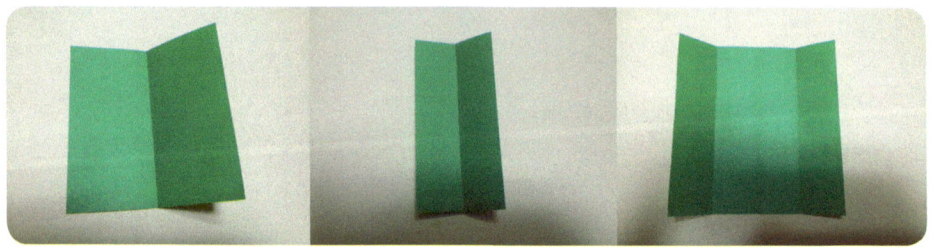

4. 방석 접기

네모 접기를 두 번 하거나, 세모 접기를 두 번 해요. 둘 중에서 편한 것으로 골라 하면 되어요. 그런 후, 각 꼭짓점을 중심점에 맞춰 접어 주세요. 다 접고 나면 방석 모양이 됐을 거예요. 그래서 이름도 방석 접기랍니다.

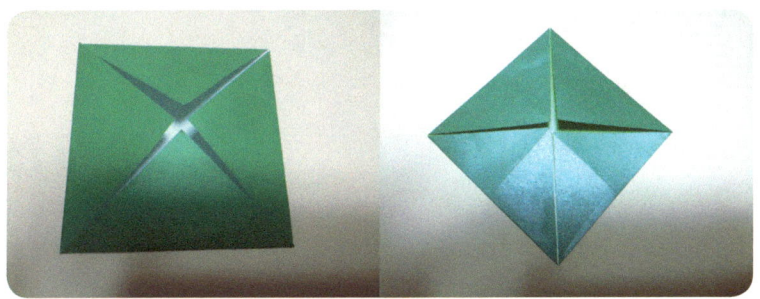

5. 아이스크림 접기

세모 접기를 해요. 그런 다음 세모 접기 중심선에 맞춰 접어요. 펼친 모양이 아이스크림을 닮았다 해서 아이스크림 접기라고 해요.

47. 필통에 꼭 넣어서 다녀야 할 것들 알기

필통에 여러 가지를 넣어서 다니는 친구들이 있어요. 그렇게 되면 공부 시간에 자꾸만 그것들에 시선이 가고, 만지작거리게 되어 집중력이 떨어지는 원인이 되지요.

필통 속에는 연필 서너 자루, 지우개, 모양자, 색연필 한 자루 정도 넣으면 좋아요. 선생님에 따라 다르지만 어떤 선생님은 아이들이 채점을 할 수 있는 기회를 주기도 해요. 이때 필요한 것이 색연필입니다.

연필은 세 자루에서 네 자루 정도 준비하는 게 좋아요. 교실마다 대부분 연필깎기가 준비되어 있으니까 만약 부러진다 해도 걱정할 필요는 없어요. 연필은 너무 뾰족하게 깎지 말고요. 뾰족한 연필에 찔려 다치는 경우도 종종 일어나니까요.

칼, 샤프, 볼펜 등은 갖고 다니지 않는 게 좋아요. 남자 어린이들은 딱지, 여자 어린이들은 핀이나 작은 장난감을 넣어서 오는데, 공부에 방해가 될 수 있으니 집에 두고 오는 게 좋겠어요. 필통에 들어간 문구용품을 날마다 확인하는 것도 중요해요. 확인하지 않고 학교에 왔는데 연필이나 지우개가 없어서 당황하는 일이 없도록 해야겠어요.

필통 속엔 연필 서너 자루, 지우개, 모양자, 색연필 한 자루!

엄마 아빠께!

연필은 잘 깎여 있는지, 연필은 몇 자루가 있는지, 불필요한 물건을 갖고 다니지는 않는지 날마다 필통을 점검해 주세요.

잃어버린 물건이 있으면 즉시 사 주지 말고, 다음 날 학교에 가서 찾아보도록 지도해 주세요.

48 가방 정리하는 법 알기

아주 예쁘고 멋진 가방을 갖고 싶어 하는 친구들이 많아요. 그런데 예쁘고 멋지기는 하지만 무겁고 쓰기 불편하다면 어떨까요? 가방을 쌀 때마다 짜증이 날 거예요. 가방은 흐린 날, 비오는 날을 대비해 밝은 원색이 좋아요. 원색이란 빨강, 파랑, 노랑 등 선명한 색을 말해요. 형광색도 좋아요. 눈에 잘 띄니까요. 이왕이면 비 오는 날을 대비해 방수 처리가 된 거라면 더 좋겠지요?

학교에 오기 전, 책가방 싸는 연습을 한번 해 볼까요? 이것저것 마구 넣어서 혹시 책가방이 안 닫히는 경우가 있으면 안 되겠죠?

◆ 책가방 싸는 차례

1. 알림장을 펼쳐놓고 챙길 것이 무엇인지 확인해요.
2. 교과서, 공책, 알림장을 가방에 넣어요.
3. 필통을 열어 연필, 지우개 등을 확인하고 연필은 세 자루 정도 잘 깎아서 넣어요.
4. 가방에 들어가지 않는 준비물은 보조 가방에 넣어요.
5. 미니 휴지나 물티슈 등도 챙겼는지 확인해요.

내 가방은 내가 스스로 쌀래요!

엄마 아빠께!

아이의 방이나, 아이가 쓰고 난 물건을 대신 정리해 주거나 아이가 해야 할 일을 대신 해 주면 아이는 스스로 정리하는 방법을 모르기 때문에 결국 자립심과 독립심에도 큰 타격을 입게 돼요. 엄마의 도움에 익숙하다 보면 사고력도 떨어져 다른 의사 결정도 엄마에게 의지할 확률도 높아지고요.

아이가 서툰 솜씨로 정리 정돈하는 것을 지켜보기 힘들어도 꼭 참아야 합니다. 속도가 느리거나 제대로 할 줄 모른다고 답답한 마음에 화를 내거나 대신 해 주는 것은 금물!

2008년 〈뉴욕 타임스〉에 발표된 '정리정돈과 아이들의 학습 능력과의 연관성'이라는 논문을 보면 정리정돈을 잘 하면 문제 해결 능력과 예측 능력이 길러진다고 해요.

자기 물건에 이름 쓰기

자기 물건을 알고, 소중하게 다루며 챙기는 게 가장 중요한 학습이라고 생각해요. 자기 물건이 무엇인지 잘 알지도 못하고, 찾을 생각도 안 하고 '잃어버리면 또 사면 되지 뭐.'라는 생각은 가정 경제 나아가 나라 경제에도 좋지 않아요.

물건을 사면 꼼꼼히 이름을 적어 물건에 붙이는 것, 이것이 가장 기본적이면서 중요한 학습이에요. 이러한 습관이 몸에 밴 후에 본격적인 학습에 들어가도 늦지 않아요.

그렇다고 '잃어버리면 안 돼!' 하고 강박관념을 갖진 말아요. 그렇게 되면 즐거워야 할 학교생활이 자칫 소심해질 수 있으니까요. 이름을 붙여 놓으면 걱정할 필요가 없어요. 잃어버렸다 해도 분실함이 있으니 찾는 건 어렵지 않아요.

그리고 쓰고 난 물건은 항상 제자리에 두면 잃어버릴 염려도 확 줄어들겠죠? 자기 물건에 이름 쓰기! 내 물건을 소중히 여기는 어린이가 나 자신도 소중히 여기는 법이랍니다.

물건에 이름을 쓰면
잃어버릴 염려가
줄겠네!

엄마 아빠께!

문구점에 가면 다양한 견출지가 있으니 취향에 따라 구입해 놓으면 좋겠어요. 소지품에 붙인 견출지는 떨어지는 경우도 종종 있어요. 이럴 때마다 부모님이 붙여 주지 말고, 아이가 스스로 견출지에 이름을 써 붙이도록 하세요. 물건에 이름을 쓸 때는 글자가 번지지 않게 주의해야 합니다. 기껏 이름을 썼는데 글자가 번지면 누군지 모르는 예도 있으니까요. 세심하게 살펴보고 배려해 주면 아이들은 저절로 물건의 소중함을 배울 거예요.

50 순서 지켜 글자 쓰기

'세 살 버릇 여든 간다.'는 말이 있지요? 어렸을 때 잘못 굳어진 습관이 평생 간다는 얘기예요. 가장 기본적인 ㄱ,ㄴ부터 제대로 안 되면 평생 그 버릇이 갑니다.

빨리 쓰는 것보다 제대로 순서대로 쓰는 것이 중요해요. 결과보다는 과정이 중요하다는 말이에요. 글자 쓰기에서는 가장 중요한 원칙이라고도 할 수 있지요. 쓰는 순서를 완전히 무시하고 미리 공부를 해 온 아이들 때문에 수업 시간이 참 어려울 때가 많아요. 자기 마음대로 후닥닥 써 놓고 다 썼다고 성화를 해 대니까 순서에 맞게 천천히 쓰는 아이들에게 방해가 될 수도 있어요.

글씨체도 중요해요. 초등학교 1학년 때 글씨체를 바로 잡지 못해 평생 고생하는 사람도 있어요. 그 사람이 쓴 글을 보면 도대체 무슨 글을 쓴 건지 못 알아보니까요. 글씨를 쓸 때는 연필심이 진한 2B 연필이 좋아요. 글씨를 잘못 쓰면 어쩌나 걱정하지는 마세요. 쓰기 교과서 뒤에 있는 우리말꾸러미에 반투명 종이를 덧대 놓고 베껴 쓰는 연습을 하면 글씨체가 훨씬 좋아질 수 있어요. 항상 명심할 것, '빨리 쓰는 것보다 또박또박 제대로 써라!'입니다.

　글자를 익히는 공부는 단계적으로 하는 게 좋아요. 우선 글자에 흥미를 가져야겠지요? 그리고 그다음은 모양을 구별하여 읽어 보는 거예요. 이 과정이 끝나면 비로소 쓰기에 들어가는 거예요. 무슨 글자인지, 무슨 뜻을 가졌는지도 모르는 채 무조건 읽거나 무조건 베껴 쓰듯이 따라 쓰는 것은 좋지 않아요. 무슨 뜻을 가졌으며 어떻게 읽는지 알고 나서 바르게 쓰도록 해요.

엄마 아빠께!

자음과 모음이 결합되어 나타나는 받침 없는 글자 정도만 쓰게 하세요. 'ㄱ'과 'ㅏ'가 만나서 '가'라는 글자가 만들어지는 원리를 억지로 외우게 하지는 마세요. 자연스럽게 놀이를 통해 익히는 게 좋아요.

51. 숫자 익히기

　1학년 과정에서 중요하고 꼭 알아야 할 것은 '더해서 10이 되는 숫자 말하기'입니다. 이건 아주 쉬워요. **더해서 10이 되는 숫자를 알아볼까요? '0과 10, 1과 9, 2와 8, 3과 7, 4와 6, 5와 5' 이렇게 6개의 숫자쌍이 있어요. 이것을 외우지 말고, 부모님과 서로 숫자를 하나씩 말하는 방식으로 게임을 통해 익혀 보아요.** 하다보면 아주 쉽다고 느낄 거예요. 만약 어렵다고 느껴지면 동전(바둑알 또는 이쑤시개도 좋아요) 10개를 놓고 연습해 보아요.

　1학년이 공부하는 수학은 '50까지 수세기', '한 자리수의 덧셈 뺄셈하기', '도형 이름 알기', '도형의 분류' 등이에요. 그러니 부담 갖지 말고 너무 앞서 공부하지 마세요. 한 자리수의 덧셈 뺄셈은 과일을 먹을 때도 할 수 있어요. "지금 바구니에 귤이 세 개 있네. 엄마가 두 개를 더 가져오면 모두 몇 개가 될까?" 또는 "우리 집 식구가 네 명인데 이모네 식구가 세 명 놀러왔네. 모두 몇 명의 사람이 우리 집에 있지?"이런 식으로 하면 덧셈 뺄셈이 참 재미있을 거예요. 우리가 흔히 볼 수 있는 자동차 번호판, 휴대전화 번호 등의 숫자를 이용해 덧셈, 뺄셈을 해 보아요. 그렇게 하면 수에 대한 거부감이 사라질 거예요.

◆ 게임 방법

우리집 자동차 번호 뒷자리는 6638입니다.

가장 큰 수와 가장 작은 수를 더해 보세요. (가장 큰 수 8 + 가장 작은 수 3 = 11)

앞의 두 자리를 덧셈식으로 만들고 계산해 보세요. (6 + 6 = 12)

뒤의 두 자리를 덧셈식으로 만들고 계산해 보세요. (3 + 8 = 11)

가장 큰 수에서 가장 작은 수를 빼 보세요. (8 − 3 = 5)

앞의 두 자리를 뺄셈식으로 만들고 계산해 보세요. (6 − 6 = 0)

뒤의 두 자리를 뺄셈식으로 만들고 계산해 보세요. (8 − 3 = 5) ⇨ 큰 수에서 작은 수를 빼야 하겠지요?

엄마 아빠께!

여러 가지 수학 기호를 억지로 가르치려 하지 마세요. 덧셈, 뺄셈 기호 정도만 알아도 됩니다.

책 쪽수 알기

"오늘은 13쪽을 공부할 거예요. 교과서 13쪽을 펴 보세요." 하면 무슨 말인지 못 알아듣는 친구들이 있어요. 13쪽은 교과서 앞쪽인데 교과서 뒤쪽을 뒤적이는 친구들도 있지요.

공책에는 쪽수가 적혀 있지 않지만, 책에는 반드시 쪽수가 적혀 있어요. 만약 왼쪽이 1쪽, 오른쪽이 2쪽이면 한 장 넘겨 왼쪽이 3쪽, 오른쪽이 4쪽이 되는 것이에요.

부모님과 함께 쪽수 펴기 연습을 해 보아요. 게임으로 하면 더 재미있게 익힐 수 있을 거예요.

◆ 게임 방법

1. 상대방이 쪽수를 말합니다. 예를 들어 "52쪽" 하고 말하는 거예요. 이때 맨 끝 쪽수가 얼마인지 알고 그 범위 안에서 쪽수를 불러야 합니다. 책의 쪽수가 52쪽도 안 되는데 52쪽을 부르면 안 되니까요.
2. 교과서를 덮은 채 준비하고 있다가 52쪽이 되는 부분을 추측하여 펼칩니다. 만약 48쪽을 폈다고 하면 점수는 $52 - 48 = 4$점이 되는 거예요. 이 게임은 점수가 적은 쪽이 이기는 거예요.

책을 펼쳐 보니 아랫부분에 쪽수가 적혀 있네!

엄마 아빠께!

그런데 이렇게 쉬운 쪽수가 어떤 어린이들에겐 어려울 수도 있어요. 왼쪽 오른쪽의 개념이 형성되어 있지 않거나 왼손잡이인 경우 가끔 그럴 수도 있답니다. 그럴 때는 천천히 책을 넘기면서 쪽수를 큰 소리로 함께 읽어 주세요.

날짜의 앞뒤 알기

시간은 과거와 현재, 미래로 되어 있어요. 과거는 지나간 일이나 때, 현재는 지금의 시간, 미래는 앞으로 다가올 날이나 때를 말해요. 이런 것을 시제라고 하는데 말을 할 때는 시제를 정확히 구분하는 게 참 중요해요.

오늘이 7월 25일이라면 7월 24일은 어제, 7월 23일은 그제 또는 그저께, 7월 22일은 그끄저께라고 해요. 7월 26일은 내일, 7월 27일은 모레, 7월 28일은 글피라고 해요. 달력을 보고 오늘 날짜를 중심으로 과거와 미래 시제 연습을 해 보아요.

◆ 게임 방법

1. 이번 달 달력을 준비합니다. 오늘 날짜(2월 5일) 동그라미를 칩니다. 상대방이 "어제" 하고 외칩니다.
2. 그러면 어제에 해당하는 날짜를 외칩니다. "2월 4일!" 이렇게요. 맞으면 점수 1점을 얻습니다.
3. 상대방은 "내일" 하고 외칩니다.

내일모레 소풍을 갑니다.
오늘은 5월 10일이지요.
그렇다면 소풍 가는 날은
언제이지요?

오늘은 5월 10일,
내일은 5월 11일! 그러니까
모레는 5월 12일이에요!

엄마 아빠께!

가족 행사, 집안 행사 등 날짜와 관련된 이야기를 할 때는 꼭 달력을 보며 이야기하세요.
달력이 눈에 익으면 날짜의 전후, 일주일의 개념 등을 배울 때 유리합니다.

54. 소리 내어 책 읽기

많은 것을 알고 있는데 하고 싶은 말을 제대로 못하고 있다고 생각하나요? 만약 그렇다면 그 이유는 무엇이라고 생각하나요? 머릿속에 들어있는 생각을 큰 소리로 표현하지 못할 때 가장 필요한 것은 '소리 내어 책읽기' 연습이에요.

쉬어야 할 부분을 미리 표시해 놓아요. 이렇게 읽으면 올바른 호흡법을 익히고 편안하게 말하는 습관을 기를 수 있어요. 또 소리 내어 책을 읽으면 자연스럽게 내용을 이해하고 저절로 암기할 수도 있어서 발표력을 높이는 데에도 효과적이에요. 물론 자신감도 생기겠지요?

그런데 큰 소리로 책을 읽으면서 제대로 띄어 읽지 않는다면 어떨까요? 예를 들어 이런 거예요. '친구가 방에 들어간다.'를 '친구 ∨ 가방에 들어간다.'로 읽으면 전혀 다른 뜻이 되지요.

이런 실수를 하지 않으려면 또박또박 읽되 띄어 읽어야 할 부분은 정확하게 띄어 읽어야 합니다. 띄어 읽어야 할 부분은 ∨로 표시하여 띄어 읽고, 문장이 끝나는 부분에는 ≫로 표시해서 약간 길게 쉰 후 띄어 읽어요. 이런 연습을 하다 보면 정확한 발음으로 또박또박 큰 소리로 읽기를 잘할 수 있답니다.

큰 소리로 읽을 때는 입도 크게 벌려야 해.

입을 작게 벌리면 소리도 작게 나오고 발음이 정확하지 않아.

엄마 아빠께!

아이가 잘 읽는다고 계속해서 소리 내어 읽도록 강요하지 마세요. 계속해서 소리 내어 읽는 것은 아이에게 결코 쉬운 활동이 아니랍니다. 아이가 힘들어하면 책 속의 문장을 아이와 번갈아 읽어 보세요. 동생이 있다면 동생에게 책을 읽어 주게 하는 것도 좋아요. 또한 내 아이의 읽기 수준을 또래의 다른 아이의 읽기 수준과 비교하지 마세요. 이 시기의 언어 발달 능력은 많은 차이를 보입니다.

시계 보는 연습하기

1학년의 수업 시간은 40분이에요. 수업이 끝나면 10분 동안 쉴 수 있지요. 시계를 볼 줄 알아야 언제 수업을 준비해야 할지, 언제까지 휴식을 취할 수 있는지 잘 알 수 있어요.

1학년 과정에서는 '몇 시'와 '몇 시 30분' 정도만 알면 돼요. 큰바늘이 12에 있을 때 작은바늘이 어떤 숫자에 있느냐에 따라서 '시'가 변하지요. 작은바늘이 숫자 1에 있으면 1시, 2에 있으면 2시, 참 쉽죠? 그다음에 알아야 할 것은 30분의 개념이에요. 큰바늘이 숫자 6에 있으면 30분이라고 하지요.

아래 그림을 보고 몇 시 몇 분인지 써 보세요.

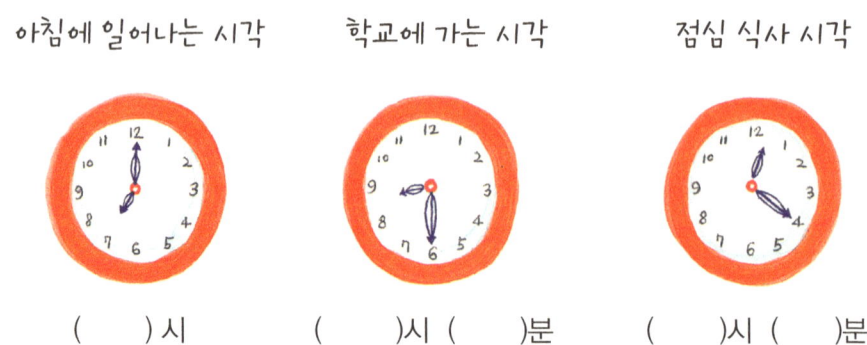

아침에 일어나는 시각   학교에 가는 시각   점심 식사 시각

(   )시   (   )시 (   )분   (   )시 (   )분

엄마 아빠께!

정확하게 시각을 말하는 것을 어려워하는 아이들이 많아요. 아이가 정확한 시각을 말하지 못한다고 해서 초조하게 생각하지는 마세요.
아이의 방에 전자시계보다는 시침, 분침, 초침이 있는 시계를 갖춰 주는 것도 공부에 도움이 된답니다.

PART 6

엄마 아빠와 함께

입학하면 6년 동안 다녀야 할 학교입니다.
물론 중간에 다른 학교로 전학을 갈 경우는 제외하고요.
사람들을 사귈 때도 그 사람에 대한 정보를 알고 있으면
친해지기가 쉬워요. 그렇듯이 학교에 대한 것을 알고 입학하면
학교생활이 훨씬 쉽고 편안해질 거예요.
학교를 친구처럼, 가족처럼 생각하세요.
그러면 학교 사랑하는 마음도 커질 거예요.

56
초등학교에 미리 가 보기

　내가 다닐 초등학교에 미리 가 보세요. 학교는 몇 층 건물이고 무슨 색깔로 칠해져 있으며 모양새는 어떤지 확인해 보아요. 또 교실은 어떻게 생겼는지, 1학년 교실은 몇 층에 있고, 다른 학년 교실은 어디에 있는지 직접 확인해 보아요. 운동장에는 어떤 운동 기구와 시설물이 있는지 꼼꼼하게 살펴보세요.

　공부하는 교실 말고 또 어떤 교실이 있는지도 알아보아요. 보건실, 행정실, 급식실, 도서실(도서관)은 어디에 있는지 꼭 알아 두는 게 좋아요. 그곳에서는 어떤 분들이 일하고 계시는지도 살펴보면 좋겠어요. 그 외 학교마다 조금씩 다르지만 특별 교실도 있어요. 과학실, 영어실, 미술실, 음악실, 실습실, 컴퓨터실 등의 위치도 알아보아요.

　유치원보다 규모가 커서 초등학교에 거부감을 갖는 어린이들이 뜻밖에 많아요. 그동안 다니던 유치원과 초등학교는 좀 다르기 때문에 무섭게 느껴질 수도 있어요. 하지만 걱정하지 마세요. 이렇게 학교에 미리 가 보면 학교는 '재미있고 즐거운 곳'이라는 생각이 들 테니까요.

제가 다닐 학교, 참 멋져요!

우리 학교에 입학하게 된 것을 환영합니다!

엄마 아빠께!

교사의 구성도 함께 알아보면 좋아요. 학교에는 교장 선생님과 교감 선생님, 각 담임 선생님이 있지만 보건실에 근무하는 보건 선생님, 도서관에 근무하는 사서 선생님, 급식실에서 근무하는 영양사 선생님, 행정실에서 근무하는 여러 선생님들도 있다는 것을 아이에게 알려주세요.

57
학교 홈페이지 방문해 보기

요즘은 학교마다 홈페이지가 있어요. 인터넷 홈페이지에 들어가면 학교에 대한 모든 것을 살펴볼 수 있습니다. 학사 일정과 각종 행사 등이 홈페이지에 자세히 안내되어 있으니까요.

부모님과 함께 내가 다닐 학교의 홈페이지를 꼼꼼히 살펴보세요. 교장 선생님과 교감 선생님은 어떤 분이며 어떤 교육관을 갖고 계시는지, 선생님은 모두 몇 분이고 어떤 일을 하시는지도 살펴보아요. 학교의 상징물은 무엇이며 어떤 의미를 가지고 있는지도 살펴보아요.

홈페이지 메뉴를 잘 살펴보면 필요한 정보를 다 얻을 수 있으니 꼼꼼히 살펴보아요. 또 어느 달에 어떤 행사를 하는지 미리 알아 두면 공부하는 데 많은 도움이 될 거예요.

그렇다고 미리 행사에 대한 준비물 등을 마련할 필요는 없어요. 행사 한 달 전쯤부터 학교에서 안내장을 나누어 주거나 홍보하고 있으니 그때 가서 준비해도 충분합니다. 학교에 대한 궁금한 사항은 학교 일일 시간표를 확인해서 쉬는 시간이나 방과 후(보통 3시면 모든 정규 수업이 끝나요)에 전화를 하는 것이 좋아요.

학급 홈페이지에 들어가면 내가 쓴 글도 올릴 수 있고, 친구들과 대화도 할 수 있어.

학교에 대해 궁금한 게 있으면 홈페이지에 들어가면 되겠네!

엄마 아빠께!

학교 홈페이지에서 교장 선생님의 얼굴을 익혀 두는 것도 좋아요. 교장 선생님의 얼굴을 몰라 교장 선생님을 아저씨나 아줌마로 부르는 아이들도 있답니다.

58 등하굣길 자세히 살펴보기

집에서 내가 공부할 학교 교실까지 스스로 잘 찾아갈 수 있나요? 물론 혼자서 척척 찾아가는 친구들도 있지만 대부분의 친구는 스트레스가 생각보다 클 거예요.

틈틈이 부모님과 함께 통학로를 익히고 스스로 교실까지 찾아가는 연습을 해 보아요. 집에서 학교까지의 통학로를 그대로 따라가 보고 시간을 재어 보세요. 시간이 얼마나 걸리는지 알아 두는 게 좋아요. 학교 가는 길에 길을 건너야 한다면 교통신호를 지켜 횡단보도도 건너 봅니다. 학교 가는 길에 무엇이 있는지도 살펴보세요. 혹시 주의해야 할 것은 없는지 꼼꼼히 살펴보아요.

등교할 때는 많은 아이들이 우르르 가지만, 하굣길은 조금 달라요. 학년마다 수업 끝나는 시간이 다르니까 하굣길에 다른 곳에 들르지 않아야겠어요. 만약 다른 곳에 들러야 할 일이 생기면 반드시 부모님에게 연락해야겠지요? 학교에서 집으로 오는 정해진 길로 오지 않고 시간을 보내거나 다른 길로 오다가 사고가 나는 경우도 종종 있어요. 그러니까 될 수 있으면 정해진 길로만 다니는 게 좋아요.

신호등이 초록불일 때 건너야 해.

횡단보도에서는 뛰거나 장난을 치면 안 돼.

엄마 아빠께!

입학하고 난 후 일주일 정도는 등하교 지도를 부모님도 함께 해 주시는 게 좋아요. 하지만 자동차로 학교 교문까지 태워 주시는 일은 절대 하지 마세요. 물론 다쳤거나 부득이한 사정이 있을 때는 제외하고요. 부모님의 차가 교문을 가로막고 있어 다른 차량의 통행을 막거나 다른 많은 아이들의 등교를 불편하게 하는 경우가 종종 있어요.

엄마들로 구성된 녹색어머니회가 있어요. 그런데 가능하다면 아빠들도 일 년에 한 번이라도 자녀들의 등교 지도를 해 보셨으면 좋겠어요. 학교 앞 횡단보도나 등굣길이 생각보다 안전하지 않다는 것을 실제로 경험해 보신다면 운전 습관도 달라질 테니까요.

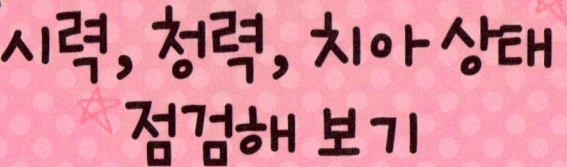

59. 시력, 청력, 치아 상태 점검해 보기

학교에 입학하면 자신의 아이를 앞에 앉혀 달라고 하는 부모님들이 계세요. 시력이 안 좋다는 이유입니다.

시력이 안 좋다고 해도 키가 큰 아이인 경우, 무조건 앞에 앉힐 수는 없어요. 그 아이 때문에 다른 아이들이 칠판이나 선생님이 안 보여서 학습 활동에 집중할 수가 없기 때문이에요.

가끔 아이의 시력이 어느 정도인지 모르는 학부모들이 있어요. 아이들은 새로운 환경에 적응해야 하는 부담감 때문에 또는 의사 표현 능력이 부족하여 칠판의 글씨가 잘 보이지 않아도 안 보인다고 이야기를 하지 않는 경우가 종종 있어요. 그 결과 학습 활동에 많은 지장을 가져오기도 합니다.

입학하기 전에 미리 시력, 청력, 치아 상태를 점검해 보아요. 그렇게 해야 학교 적응과 학습 활동에 지장이 없거든요. 평소에 코피를 자주 흘린다면 그에 대한 상담도 미리미리 받습니다. 요즘은 아토피로 고생하는 친구들도 많으니 피부과 검진도 꼭 필요합니다. 일상생활에서 아이가 눈을 자주 비비거나 먼 곳을 볼 때 눈을 찡그리는 경우, 머리가 자주 아프고 어지럽다고 할 때는 안과 전문의를 찾아가 시력 상담을 받아야 합니다.

초등학교에 가기 전에 미리미리 건강 검진을 받아 봐야겠네!

엄마 아빠께!

요즘 틱 장애를 보이는 친구들이 많아졌어요. 틱은 정서적 불안감으로 특이한 행동을 보이는 것을 말해요. 눈을 깜빡이거나 이상한 소리를 내고, 헛기침을 자주 하는 등 다양한 반응들로 나타나지요. 대부분 초등학교에 입학하는 시기에 나타나지만 일시적일 경우가 많고 청소년기가 되면 자연적으로 좋아집니다.

이럴 때는 스트레스를 주는 요소가 무엇인지 살펴보아야 해요. 그런 행동을 한다고 해서 혼을 내는 등의 스트레스를 주는 것은 피해야 합니다. 틱 현상이 오래 지속된다면 전문의와 상담을 거쳐 치료를 해야 합니다.

'똑똑한 바보' 되지 않기

교과서 또는 준비물을 깜박 잊고 챙겨 오지 못한 친구들이 가장 많이 하는 말이 "엄마가 챙겨 주지 않았어요."입니다. 그러니까 '그건 엄마 잘못이지 내 잘못이 아니다.'라는 말이죠.

어째서 준비물을 엄마가 챙겨야 하는 걸까요? 엄마는 옆에서 아이가 잘 챙기는지 지켜봐 주고 도움을 주는 사람인데 말이죠.

오늘 수업에 어떤 준비물이 필요한지도 모르는 채, 준비물을 챙겼는지 안 챙겼는지는 모르면서 시험을 잘 봐 100점을 맞는 것이 더 중요한 것일까요? 혼자서는 제대로 하는 것이 없지만, 아는 것이 많아 선생님 질문에 대답은 잘하고 시험 점수를 잘 받는 게 더 중요한 것일까요? 이런 친구가 과연 똑똑한 것일까요?

똑똑한 듯 보이지만 사실은 혼자서는 아무것도 못하는 이런 친구들을 '똑똑한 바보'라고 해요.

여러분은 자신의 일을 자기가 하는 진짜 똑똑이가 되고 싶은가요, 아니면 누군가가 해 주기를 바라는 똑똑한 바보가 되고 싶은가요? 그 결정은 바로 우리 친구들이 하는 겁니다!

이제 초등학생이 되었으니 내 일은 스스로 하는 진짜 똑똑한 어린이가 될 거예요!

엄마 아빠께!

똑똑한 바보는 누가 만들까요? 바로 어머니들입니다. 언제까지 준비물을 일일이 챙겨 주실 건지요.

다소 서툴더라도 아이가 혼자 스스로 하게 만들고, 시간이 좀 걸리더라도 인내심을 갖고 옆에서 지켜보며 방향을 조정해 주는 역할을 하시는 건 어떨지요.

■ 예방접종 전산등록 확인방법 안내 ■

① 예방접종도우미사이트 가입하고, 자녀 등록하기
- 취학 아동의 보호자는 먼저 예방접종도우미사이트(http://nip.cdc.go.kr)에 회원 가입합니다.
- 회원 가입 후 '우리 아기 등록하기'를 통해 대상 자녀를 등록합니다.

② 접종내역 확인하기
- 예방접종도우미사이트의 '예방접종 내역조회'를 선택하시면 등록된 자녀의 예방접종 내역을 확인할 수 있습니다.
- 스마트폰 앱(예방접종도우미)의 '우리아기 우리수첩'을 선택하시면 예방접종도우미사이트와 동일하게 접종내역을 확인할 수 있습니다.
- '민원24(http://www.minwon.go.kr, 발급비용 무료)에서 예방접종도우미사이트에 가입된 보호자가 등록된 자녀의 〈예방접종증명서〉를 발급받을 수 있습니다.
* '민원24'에서 증명서를 발급받기 위해서는 회원가입 절차와 공인인증서가 필요합니다.

③ 접종내역이 없는 경우, 접종을 완료하거나 전산등록을 요청합니다.
- 접종이 누락된 경우에는 가까운 의료기관 또는 보건소에서 예방접종을 완료하고, 전산등록을 요청합니다.
- 예방접종을 완료하였으나 전산내역에 누락된 경우에는 접종을 받았던 의료기관에 질병관리본부 예방접종도우미사이트에서 확인이 가능하도록 전산등록을 요청합니다.
* 접종기관에서 예방접종내역 전산등록을 하지 않는 경우는 〈예방접종증명서〉를 발급받아 입학시 학교에 제출해야 합니다.

필수예방접종비용 국가지원사업안내

정부는 2009년 3월부터 영유아의 건강한 성장을 위해 신생아부터 만12세까지 국가필수예방접종(9종백신)의 의료기관 접종비용을 지원하고 있습니다.
(* 본인부담금은 지역별로 차이가 날 수 있습니다. 자세한 사항은 예방접종도우미사이트 참조)

| 지원 대상 예방접종 |

결핵(BCG, 피내용), B형 간염, **디프테리아/파상풍/백일해(DTaP)**, **폴리오(IPV)**,
디프테리아/파상풍/백일해/폴리오(DTaP-ITV), **홍역/유행성이하선염/풍진(MMR)**,
일본뇌염(사백신), 수두, 파상풍/디프테리아(Td)